安倍・菅政権 vs. 検察庁

暗闘のクロニクル

村山 治
Murayama Osamu

文藝春秋

安倍・菅政権vs.検察庁

暗闘のクロニクル◉目次

※本文中の敬称は原則として略しました。

装幀　石崎健太郎
DTP　エヴリ・シンク

序章　毒が回った政権

国会前での「検察庁法改正案」反対デモ（2020 年 5 月）共同通信社

第1節　ネット世論の勝利

オンラインデモ

「国民の不満」と「わかりやすい物語」がそろったとき、世論は動いた。

「右も左も関係ありません。犯罪が正しく裁かれない国で生きていきたくありません。この法律が通ったら『正義は勝つ』なんてセリフは過去のものになり、刑事ドラマも法廷ドラマも成立しません。絶対に通さないでください。」

2020年5月8日午後7時40分、「笛美」のハンドルネームを名乗る女性が「1人でTwitterデモ　#検察庁法改正案に抗議します」とのハッシュタグ付きでこの文章をツイッターに投稿すると、瞬く間にネットで拡散。歌手のきゃりーぱみゅぱみゅ、俳優の小泉今日子、井浦新、浅野忠信や漫画家のしりあがり寿まで幅広い著名人が参加し、一般市民も次々とハッシュタグ付きの抗議文を投稿した。

5月9日夜から11日夜までに投稿数は680万件を超えたと報道された。コロナ禍で多くの国民が外出できず、自宅でネットを見る時間が増えたとはいえ、異例の数字だった。

安倍政権はネット戦略を重視してきた。ネット選挙解禁を主導し、ネットユーザー向けの情報発信に積極的に取り組んだ。その分、ネットの威力を熟知し、ネット世論の動きにも敏感だったはずだ。

「政治による検察人事への介入」という固いテーマだった。官邸と法務省の一部は「芸能人が関心を持つような話ではない。野党側の組織的な世論操作ではないか」と疑った。

「不思議なのは、最も関心がないはずの芸能人が反応していること。芸能ネタとして報じざるを得ないテレビを悪用している。芸能人に働きかけてツイートさせるルートは何なんだろうね」（法務・検察幹部）

この幹部は、野党側が芸能人を動員してツイートを拡散させ、その様子をテレビ局が取り上げることで改正法案反対を煽っているのではないかと疑った。

官邸や法務省が一連の抗議ツイートについて「プロ」によって操作されたものか調査に動いた形跡もあったが、「野党の仕掛け」の事実は浮かばなかった。ツイートした芸能人に対しては、賛同の声と同時に中傷やバッシングの書き込みもなされた。だが、むしろ、ツイートに賛同しない書き込みの方が不自然に見えた。検察庁法改正案に反対する声は収まることがなかった。その後、専門家の調査でツイッター拡散に人為的工作はなかったことが判明する。

発端は無理筋の検察首脳人事

発端は、3カ月余り前の1月31日、安倍政権が、2月7日に63歳の定年を迎える東京高検検事長の黒川弘務（当時62歳、司法修習35期）について、次期検事総長含みで8月まで半年間、定年後の勤務を延長する閣議決定をしたことだった。

法務・検察関係者の間では、検事総長の稲田伸夫（63歳、33期）の次の検事総長には黒川でなく、名古屋高検検事長の林真琴（62歳、35期）が起用されるとの観測が強かったが、官邸は黒川の検事総長起用を強く希望。法務省はその意向に沿い、前年12月ごろから稲田に1月中に勇退し、黒川に総長の座を譲るよう説得してきた。しかし、稲田がそれに応じなかったため、やむなく定年後の勤務延長という「奇策」をとったのだった。

検察官の定年は検察庁法で定められており、本来は法改正をしないと、定年の引き上げや勤務延長はできない。ところが、法務省と官邸は、国家公務員法を根拠に勤務延長をできると判断していた。

黒川は、法務省の政界ロビーイングを担当する官房長や事務次官を計7年以上務め、野党やマスコミの一部から「政権に近い」と見られていた。

前年から、首相の安倍晋三が主催した「桜を見る会」前夜の夕食会での飲食代提供について、公職選挙法違反や政治資金規正法違反の疑いが指摘され、刑事告発する動きもあった。

そのため野党は、政権が、検察の手心を期待して無理筋の人事を法務省に行わせたのではないか、と勘繰った。法務省や官邸は、そうした疑惑を否定し、黒川には、カルロス・ゴーン前日産自動車会長の逃亡事件への対応の指揮など、検事長として業務を続けさせる必要があったとマスコミを通じて説明した。しかし、野党側は「恣意的な法解釈による違法人事」と反発した。

さらに3月13日、政権は、他省庁の定年引き上げや役職定年制の導入に合わせ、検察官の定年を引き上げ、政府の裁量で検察幹部の勤務を延長できるようにする検察庁法の改正案を閣議決定した。これが火に油をそそいだ。

改正案は、検察官の定年を、現行65歳の検事総長を除き、63歳から65歳に段階的に引き上げるというもので、63歳で幹部ポストから退く「検察官役降り制度（役職定年）」を設け、さらに、内閣や法務大臣が「特別の事情」を考慮して必要と認めた幹部については、最長で3年間の勤務延長を可能にする特例規定が盛り込まれた。

改正案の審議が4月16日、衆議院で始まると、野党は「政権の意向で検事総長ら検察幹部の恣意的な人事が可能になる」と法案を厳しく批判。併せて、「違法な黒川の勤務延長人事を後付けで正当化するための立法ではないか」などと追及した。

政府側は「恣意的な人事にはつながらない」と強調した。しかし、この改正案が通れば、検察の捜査で、与党の有力者に収賄や政治資金規正法違反などの容疑が浮かんだ際、首相ら内閣は、あえて捜査に消極的な検事を、検事総長や検事長など決裁ラインの要職に残すことが理屈の上では可能になる。

さらに、与党や政府を相手にした捜査に積極的だった検事について、その勤務延長を認めないことで報復することもできる。いずれも捜査を歪めることにつながる恐れがあった。

5月8日、野党側は法相の森雅子出席のもとでの衆院内閣委・法務委の連合審査を求めたが、与党は応じなかった。野党側の多くはこれに反発し衆院内閣委の審議を欠席した。笛美がツイッターに「#検察庁法改正案に抗議します」の抗議文を投稿したのはこの日の夜だった。

支持率急落

検察庁法改正案をめぐるオンラインデモについて、首相の安倍は当初、国会で「様々な反応もあるんだろう」と受け流したが、内閣支持率は急落した。

朝日新聞の定期世論調査では、黒川の勤務延長決定前の2020年1月25、26日は内閣支持は38%、不支持が41%だった。勤務延長発表に対する疑義を野党やマスコミが指摘した後の2月15、16日の調査でも支持は39%、不支持が40%と横ばい。3、4月の調査でも支持はいずれも41%を維持した。

ところが、オンラインデモ急拡大の後の5月16、17日の通常の世論調査で、支持は33%に急落。不支持は47%に拡大した。さらに、黒川が賭け麻雀問題で辞職した直後の5月23、24日の調査では支持が29%と第2次安倍政権発足以来、最低を記録。不支持は52%とさらに拡大した。

通常国会閉会後の6月20、21日の調査でも支持は31%、不支持52%、7月18、19日の調査も支持33%、不支持50%。結局、安倍が辞任を表明するまで内閣支持率が大きく回復することはなかった。

世論調査の数字の変遷は、このオンラインデモが安倍を追い詰めるきっかけとなったことを物語る。

コロナ禍と「桜を見る会」問題追及で疲弊

新型コロナウイルスが、政権を翻弄していた。対策は後手後手となり国民を失望させていた。

思い付きの「アベノマスク」は配布が遅れ、異物が見つかったとして一時回収する始末。国民への一時給付金の金額や規模もころころ変わり、その支給も遅れた。感染を確認するPCR検査数を抑えるのは感染患者数を操作しようとしているからではないか、との疑念まで広がった。

コロナ以前から、安倍自身との関わりが指摘される森友学園、加計学園問題や「桜を見る会」をめぐる疑惑が国会で追及され、それらがボディブローのように効いていた。そういう中で起きた爆発的なオンラインデモだった。

これが、検察庁法改正案の通常国会での成立を阻止する狼煙となった。ツイッター投稿の拡大に力を得た野党は一層、批判を強め、安倍と法務省は防戦一方となった。もはや、年金制度改革法や共謀罪法、カジノ実施法など国民に異論のある法案で、世論の反対を押し切って強行採決を繰り返してきたかつてのエネルギーは残っていなかった。

5月13日には、東京高検検事長の黒川宛てにカッターナイフの刃が同封された脅迫文が届いた。それには「国民をなめんじゃねぇ」と書かれていた。

第2節　検察OBの反旗

ロッキード検事らの筵旗《むしろ》

5月15日には、元首相の田中角栄らを1976年に逮捕・起訴したロッキード事件の捜査を担当した検察OBらが立ち上がった。元検事総長の松尾邦弘（78歳、20期）ら14人の連名で、検察庁法改正案に反対する意見書を法務省に提出した。

改正案について「検察人事への政治権力の介入を正当化し、政権の意に沿わない動きを封じて、検察の力をそごうと意図している」と批判。検察幹部の勤務延長を認める規定の撤回を求めた。黒川の勤務延長の閣議決定を「違法」とし、改正案はこれを「後追いで容認するものだ」とも指摘した。

松尾は68年検事任官。長野地検時代、応援検事として連続企業爆破事件や連合赤軍事件などの公安事件を担当。ロッキード事件が発覚した76年春、東京地検特捜部入り。贈賄側の丸紅元専務、伊藤宏から田中角栄側へ5億円を運んだとの供述を引き出し、捜査検事としての能力を高く評価された。

92年官房人事課長。松山地検検事正を経て、96年東京地検次席検事。98年に法務省刑事局長に就任した後は、法務事務次官の原田明夫（17期、2017年に77歳で死去）、官房長の但木《ただき》敬一

（77歳、21期）とともに司法制度改革に邁進した。

松尾は法務事務次官、東京高検検事長を経て04年6月、原田の後を受けて検事総長に就任。06年6月に後任を但木に託して退任するまで、司法制度改革の目玉である裁判員制度の導入準備に携わり、日本経済のグローバル化に対応して証券取引法違反や独占禁止法違反事件の摘発を強化した。

松尾らの抗議声明に対する現職の検事や事務官の受け止めは複雑だった。現場検事の中には、松尾の抗議を「発言しにくい現職の声を代弁してくれた」と好意的に受け止める者もいたが、法務・検察の幹部の中には失望を隠さず批判する者もいた。

「法務省は、ロッキード時代は政策官庁じゃなかったから、政治とも距離を置いて威張ってるだけでよかった。そのことが（法務省を）、人・金を持たない、政策推進能力のない三流官庁にした。原田さんが官房長になってそのことに心を痛め、贖罪の意味で初めて永田町を走り回る検事になった。（松尾さんらは）法案の中身も知らないのに記者会見までするのはみっともない」

5月18日には、東京地検特捜部長、副部長経験者らも松尾の後に続いた。元特捜部長の熊﨑勝彦らOBの有志38人が「検察の独立性・政治的中立性と検察に対する国民の信頼が損なわれかねない」として、改正案の再考を求める意見書を法務省に提出した。

特捜検察にかかわった有力検察OBらが抗議の反乱を起こした形だった。検察OBの中には「検察独立を絶対命題にするのはよくない。検察は、大阪地検特捜部の村木事件（厚生労働省元局長の村木厚子が無罪となった事件）のように暴走することがある。それを忘れてはいけない」と同調を拒否する者もいたが、マスコミ各社は、松尾らの動きを大きく報じた。

防戦一方

劣勢の安倍は、松尾らが抗議した5月15日、ジャーナリスト・櫻井よしこのネット番組「言論テレビ」の緊急特番「日本は必ず国難に勝つ！　安倍首相に『検察官定年延長問題』を聞く」に出演。以下のように櫻井の質問に答えた。

櫻井：実は政府高官にいろいろ取材して聞いたところ、黒川さんの定年延長の問題も、全部、検察、つまり法務省の側からもってきたものを官邸がただ了承しただけ、と聞いたんですが、それはほんとですか？

安倍：それは全くそのとおりですね。まさに検察庁も含めて法務省がこういう考え方でいきたいという人事案をもってきてこられてですね、それをわれわれが承認をするということなんです。

櫻井：もうひとつですね、黒川さんの定年延長問題について法務省の官房長が官邸に持ってきて頼んだと、そしてその、今の検事総長の稲田さんがお辞めにならないから、黒川さんの定年延長ということを、お願いをしたというふうに推測されるのですが、法務省の官房長が官邸に持ってきて頼んだということも、これは本当ですか？

安倍：私も、あの、詳細については承知をしていないんですが、基本的にですね、検察庁の人事については検察のトップも含めた総意で、ですね、こういう人事でいくということをもってこられて、それをそのままだいたいわれわれは承認をしているということなんですね。

櫻井：官邸が介入をしてそれを変えるとかいうことは？

安倍：それはもうあり得ないですね。

断っておかねばならないが、櫻井がここでいう「定年延長」は正確には「定年後の勤務延長」のことである。定年を迎えた後、引き続き勤務することを意味するが、黒川の定年後の勤務延長についてマスコミや野党も「定年延長」と表現するケースが多く見られた。確かに、役職などの待遇は変わらないのだから、実質的には定年延長である。ただ、正確を期すため、本書では「勤務延長」の表現を使う。

後で詳述するが、黒川の勤務延長人事の背景には、黒川を次期検事総長にしたい官邸の強い意向があった。その意を受けた法務省の事務方トップが検事総長の了解をとり、「検察の総意」として法相を通じ総理大臣に閣議で議題とするよう要請したものだった。そもそも官邸が黒川を検事総長にと望んだ政治的判断が法務省の行動のおおもとにあった。ただ、安倍は官邸の主としてその責任を感じていないようだった。

しかし、安倍は、追い込まれていた。安倍と親密といわれるNHK政治部の岩田明子記者は月刊「文藝春秋」２０２０年７月号の記事「安倍晋三対コロナ１５０日戦争」で、検察庁法改正案について「安倍は5月16日の時点ですでに、新型コロナによる雇用情勢悪化や党内の反対論を背景に、改正案の再協議などを菅に指示している」と記し、櫻井による特番インタビューの翌日には安倍が「撤退」に向け舵を切った、としている。

第3節　自爆

賭け麻雀報道で辞職

改正案にとどめを刺す事件が起きる。「週刊文春」の取材班が、黒川に対する直当たり取材を試みたのは、5月17日の日曜日だった。政府が新型コロナウイルスの感染防止のため緊急事態宣言をし、国民に外出の自粛や、「3密」（密閉、密集、密接）を避けることを強く要請していた5月中。黒川が2回にわたり旧知の産経新聞の社会部記者のマンションで、同新聞の記者2人や朝日新聞社の社員と賭け麻雀に興じていた、という話だった。

取材班は告発情報をもとに、そのマンション前に張り込み、黒川が出入りしている事実を正確に押さえ、写真も撮影していた。黒川は、すぐ法務事務次官の辻裕教《ひろゆき》（59歳、38期）に取材があったことを報告した。

それより前から黒川は、勤務延長問題で「焦点の人」となり、野党やマスコミの一部、法務省の有力OBらから「自ら辞職すべきだ」との声も出ていた。その高級官僚が、国ぐるみで国民にコロナ禍対策への協力を求めている最中に賭け麻雀に興じていた事実が報道されれば、国民の憤激を呼び、国会での野党の政府追及が勢いづくことが予想された。

20日、「文春オンライン」が一報を伝えると、永田町と霞が関に衝撃が走った。

法務省の調査では、黒川らは、1000点を100円に換算する「点ピン」と呼ばれるレートで、1万~2万円程度の現金をやり取りしていた。賭け麻雀は賭博罪に問われることもある違法行為だ。法の番人である検察の最高幹部として申し開きの余地のない不祥事だった。

賭け麻雀報道が出る2日前の18日、読売新聞朝刊が「検察庁法案　見送り検討　今国会　世論反発に配慮」との記事を1面トップで掲載。安倍政権は同日、通常国会での検察庁法改正案の成立を見送った。官邸が法務省から賭け麻雀報道が出るとの報告を受け、それが報道される前にダメージコントロールを狙ったのかどうか定かではないが、この決定は、官房長官の菅義偉、副長官の杉田和博らの頭越しに首相の安倍が決断したと法務省幹部らは見ていた。

改正法案を通すべく国対委員長の森山裕と緊密に協力してきた菅は「はしごを外された」と周辺関係者に語ったという。この関係者によると、菅は、安倍側近の官邸官僚が改正法案を潰すため、読売に「法案見送り」を示唆して記事を書かせたのではないかと疑っていた。さらに、菅は同じ官邸官僚らが「菅が、黒川(の検事総長起用)にこだわったからこういう不始末になった」と自分に責任をかぶせようと画策しているのではないか、とも疑っていたという。

渡りに船であっけない幕切れ

「軽率な行動で恥じ入ります。騒動になる。その結果責任はとった方がいい」

「文春オンライン」が賭け麻雀問題を報じる前日の5月19日夜、黒川は周辺関係者に電話でそう語った。すでに辞職の腹を固めていた。

黒川は報道後、首相の安倍宛てに辞職願を提出。21日には「この度報道された内容は一部事実と異なる部分もありますが、緊急事態宣言下における私の行動は緊張感に欠け、軽率にすぎるものであり、猛省しています。このまま検事長の職にとどまることは相当でないと判断し、辞職を願い出たものです」とのコメントを出した。

検察ナンバー2の東京高検検事長が不祥事の責任を取って辞職するのは、1999年に女性問題で則定衛《のりさだまもる》が辞職して以来のことだった。

黒川は、内閣に辞表を出したその夜、「こういっては叱られるけど、文春のおかげで辞めることができた。これがなければ泥沼になっていた」と周辺関係者にサバサバと語った。

4月16日に審議入りした検察庁法改正案は、野党やマスコミの一部から「検察人事への政治介入につながる」と厳しい批判を受け、政府は通常国会での法案成立を断念したが、その前から批判の矛先は、政府の勤務延長を受け入れた黒川個人に向かいつつあった。

黒川にとって不祥事を報道されるのは不名誉ではあるが、渡りに船、と思った面があったかもしれない。

豪放磊落な黒川も、四面楚歌の状況に次第にストレスを溜め込んでいた。黒川は前述の3人以外にも麻雀仲間がいた。黒川はその友人に声をかけたが、友人は断り、「今はやめておこうよ」と忠告したが、黒川は「コロナ自粛で、外で酒も飲めない。やることがない」と聞かなかった。

「週刊文春」は、2020年2月13日号の記事『「安倍ファースト」検事総長が誕生する』で「検察関係者」の話として黒川について「犬の散歩以外の趣味は麻雀とカジノ」と記していた。

その後も文春が、黒川の麻雀をマークしているとみるのが普通だ。その中で、麻雀をするのは、自ら地雷原に入るようなものだった。この友人は「黒川は望んで刺されに行ったのではないか」と話した。

いずれにしろ、「政治と検察」の舞台裏を知り尽くした稀代の検事のあっけない幕切れだった。

官邸の黒川検事総長固執

黒川は駆け麻雀報道の前から、国会を混乱させた責任は自らが勤務延長人事を受けたことにある、と受け止め、その責任をとろうと考えていた。しかし、文春報道が出る直前までの官邸は、検察庁法改正案の通常国会成立こそあきらめたが、検事総長の稲田を7月までに退官させ、黒川を検事総長に起用する方針は変えていなかった。

「改正法案では一敗地にまみれた。黒川検事総長まで引っ込めてしまうと、野党や反安倍のマスコミキャンペーンに屈したことになり、政権が持たない」と考えていたとみられる。このころ、隙間風が吹いているといわれていた首相の安倍と官房長官の菅がこの点では一致し、強行突破を辞せずの勢いだったと官邸関係者はいう。

官邸側には、黒川の検事総長実現とともに、稲田を何としても交代させたいという強い思いがあったとみられる。法務・検察の人事に通じた元検察首脳によると、官邸側は2018年以降、稲田が後継と希望していた名古屋高検検事長の林でなく、黒川を次期検事総長に起用したい意向を内々、法務省に伝えていた。そのことを稲田は承知し、さらに官邸の意を受け法務省が策定した、20年1月に自分が勇退し、黒川に検事総長を引き継ぐ人事構想にも異議を唱えなかった。ところが、いざとなると勇退を渋った。官邸はまず、それにカチンときていた。

その後、稲田は、辻の説得で、黒川について後継の総長含みで勤務を半年間延長する人事に同意。その際、辻と稲田の間では「稲田が5月中にも勇退し黒川を総長にする約束があったはず」(元検察首脳)なのに、結局、のちに稲田はその「約束」を反故にし、検事総長の座に居座った。

しかも、世論を味方につけるため、政府が新型コロナウイルスによる緊急事態宣言で外出自粛を呼びかけているさなかにもかかわらず、稲田は、前法相で衆院議員の河井克行について、妻の参院議員、案里(自民、広島選挙区)が初当選した19年7月の参院選をめぐる公職選挙法違反(買収)容疑で広島地検に捜査させた——と官邸側は受け止め、不快感を募らせた。

もっとも、法の番人である法相経験者に悪質違反の容疑があるなら、検察が徹底的に捜査するのは当然で、しない方がおかしいと筆者は思う。

ともあれ、黒川の「自爆」で、稲田を黒川に交代させるという官邸の思惑は砕け散った。

林復活

官邸は、「神輿」の黒川が退場してから、検事総長人事に急速に関心を失った。というより、黒川の処分について「法務省が懲戒処分である戒告と決めていたのを、官邸が内部処分である訓告に変更させた」などの真偽不明の情報が飛び交ったことからその対応に追われ、また、検察庁法改正案を継続審議にするのか廃案にするのかなどの調整で、検事総長の人事どころではなかったとみられる。

一方、法務省にとって、黒川に代わる次期検事総長含みの東京高検検事長人事は待ったなしだった。林については、黒川の勤務延長人事が閣議決定された２０２０年1月31日の時点で、検事総長候補から外しており、検事総長に代わる処遇として、検察出身の最高裁判事の退官後の後任に推す方向での調整も密かに進んでいた。そのため、黒川の辞任表明直後には、黒川の後任として、黒川、林の1期下の、堺徹・最高検次長検事、榊原一夫・大阪高検検事長、甲斐行夫・高松高検検事長の起用も検討した。

そして、法務省にとっても、「約束を守らない」稲田をどうやってスムーズに勇退させるか、が大きな問題だった。

元検察首脳によると、辻らは、勤務延長人事に批判が集まり黒川が「悪者」になってしまったため、稲田にいったん受け容れたはずの勇退を拒む口実を与え、ずるずると時間がすぎた、と受け止めていた。黒川が「自爆」辞職したことは計算外だったが、稲田が継続して検事総長の座にとどまることは認めるわけにはいかなかった。稲田が検事総長の定年である65歳まで務め上げることになれば、その後1年3カ月は検事総長に在職することが可能だった。

仮に、堺を次期検事総長にする場合、堺は１９５８年7月生まれで稲田より2歳若い。稲田が65歳の定年まで総長の座にとどまっても、堺はその後、最長2年間総長を務められる計算となる。その案を楯に稲田が勇退を拒んだら、誰も辞めさせられない。それは耐えられない。

稲田を勇退に追い込むには、２カ月後の２０２０年7月末に63歳の定年が迫っている林をもってくるしかなかった。林は、もともと稲田自らが後継指名した人物だ。その林への禅譲を拒絶して居座れば、今度は、稲田が「悪者」になる——。

その時点で、稲田が林についてどう考えていたかは不明だが、辻らは、いったん検事総長候補から外した林を次期検事総長とすることを稲田に伝え、そのため7月までに勇退してほしいと説得し、稲田は了承した。官邸も、憎い稲田が早々に退官するなら、林の起用に文句はなかったとみられる。もともと、官邸には、黒川、林の順で検事総長をつなぐ構想もあった。

5月26日、林は次期検事総長含みで東京高検検事長に就任した。検事総長の稲田は7月17日に勇退。そして、林は後を受けて検事総長に就任した。

黒川には退職金5900万円が支払われた。勤続が37年の黒川の場合、国家公務員退職手当法の規定により定年退職の退職金は約6700万円だが、自己都合退職となったため800万円減額となった。黒川は朝日新聞社員らとともに常習賭博の容疑で東京地検特捜部に告発されたため、退官後の弁護士登録申請は当面、見送った。7月10日、検察は黒川らを不起訴処分としたが、告発した市民団体は不起訴を不服として検察審査会に申し立てた。

安倍辞職

安倍政権の終わりの始まりだった。黒川が懲戒処分でなく訓告となり、5900万円の退職金を受け取ったことを野党は、不当だとして政権を追及。さらに検察庁法改正案を同じ内容で再提出しないよう安倍を攻め立てた。どうにか、乗り切って6月17日、通常国会閉会にこぎつけたが、翌18日には、安倍の側近の前法相の河井と妻の案里が、先に触れた2019年7月の参院選をめぐる公選法違反（買収）容疑で東京地検特捜部に逮捕された。

弱り目に祟り目というべきか。安倍は6月の定期健診で主治医から持病の潰瘍性大腸炎の再発の兆候が見られると指摘を受けた。7月中頃から体調が悪化し、8月上旬には再発が確認された。安倍は13年前の第1次政権でもこの病気の悪化で首相を辞職していた。

そして8月28日、「体力が万全でない中、大切な政治判断を誤ること、結果を出さないことがあってはならない。国民の負託に自信を持って応えられる状態でなくなった以上、総理大臣の地位にあり続けるべきではないと判断した」として辞職を表明。後任の自民党総裁には、官房長官の菅が選出された。菅は9月16日、国会で首班指名を受け、首相に就任した。

元をたどれば、一人の女性が始めた「オンラインデモ」。それが、安倍政権の重要法案だった検察庁法改正案を潰し、安倍を退陣にまで追い込んだ。デジタル時代を象徴するようなドラマチックな展開だった。

「騒動」の本質と背景

一連の騒動は、「検察人事の政治からの独立」と「検察に対する民主的チェック」のバランスをどう取るか、という重い課題を浮上させた。

戦後制定された検察庁法は、個別の事件について捜査現場に対する法相の指揮権を認めず、検事の定年を明記するなど人事権の行使に一定の制約を加え、検察の独立に配慮しているが、制度上、検察幹部の任命は内閣（政治家）の専権事項となっている。

政治の側は、その人事権や一般的な指揮・監督権を背景に、政界事件が起きると、捜査にあれこれ注文をつけ、あるいは首脳の交代期には人事に口を挟もうとしてきた。

そうした中、政治腐敗を許さない国民の意を体した報道機関や野党は、それらの動きを厳しく監視。法務省は世論を背景に、法務・検察幹部の人事で波風が立たないよう周到な根回しをし、時の政権も概ね、法務・検察の人事については謙抑的な姿勢を貫いてきた。

検察は国民の信頼を基盤として成り立つ組織だ。この「国民の信頼」がキーワードとなる。国民の強い信頼があれば、法務・検察は、政治の側が人事などで無理難題を言ってきても、拒絶することができる。逆に、信頼が希薄になると、強く出られなくなる。

敗戦後から昭和末期までの日本の社会・経済システムは、自民党の長期政権のもと大蔵省を中心とする官僚機構を核とした護送船団方式で運営されてきた。そこでの検察の使命は、官僚機構に介入して利権を貪ろうとする政治家からその機構を守ることだった。つまり、政界汚職の摘発だ。間欠的であれ、それを果たしていれば、国民は検察を信頼し、応援団でいてくれた。その象徴が首相の犯罪を暴いた１９７６年のロッキード事件の摘発だった。田中が上告中に亡くなるまで、17年近く法廷で元首相側と死闘を繰り広げた検察に対し、世論は熱いエールを送った。

しかし、バブル崩壊にともなう金融機関の不良債権処理をめぐる失政で、大蔵省は国民の信頼を失った。世論に背中を押された検察は98年、金融機関からの接待汚職で大蔵官僚を摘発。守るべき官僚機構にメスを入れ、護送船団体制にとどめを刺した。

大蔵省の失墜で、官僚機構は力を失った。その官僚機構の一部である検察も無事ではすまなかった。２００２年、情報提供者への謝礼に充てるべき検察の調査活動費を、検察幹部らが流用していた疑惑を告発しようとした大阪高検公安部長を、大阪地検特捜部が微罪で逮捕すると、「臭いものに蓋をするため検察権を使ったのではないか」と国民の不信を買った。

そして、10年、厚生労働省局長の村木厚子（その後、事務次官）の無罪事件の捜査をめぐり、大阪地検特捜部の主任検事が調書と齟齬をきたす押収証拠の改竄に手を染めていたことが発覚。元特捜部長ら３人が逮捕された。検察は、世論の批判を受けて意気消沈し、萎縮した。国民が期待する政治腐敗の摘発から遠ざかり、国民の信頼を完全に失った。

その後、法務・検察は、信頼回復のため、黒川や林が中心となって抜本的な組織改革と捜査モデルの転換に着手するが、政治の協力なしでは法案ひとつ通せなかった。そして、12年暮れ、「政治主導」を強調し、各省庁幹部に対する人事グリップに意欲を燃やす第２次安倍政権が登場する。

菅政権と検察の関係は？

そもそも、今回の「黒川・林騒動」は、２０１６年9月の法務事務次官人事が発端だった。当時の法務・検察首脳らは、刑事局長だった林を３代先の検事総長にする方針を固め、同年夏に法務事務次官だった稲田が、林をその登竜門でもある事務次官に起用する人事案を官邸に示した。ところが、官邸はそれを拒否し、官房長の黒川の次官起用を求めた。官房長官の菅らは重要法案の根回しなどで政権運営に貢献した黒川を高く評価していたのだ。法務・検察は、稲田と官邸側との折衝で「1年後には林を次官にする」との感触を官邸から得られたとして菅らの意向を受け入れ、黒川を事務次官に起用した。法務・検察は、大阪地検特捜部の不祥事を受けた組織整備と手続き改革にようやく道筋をつけ、現場のテコ入れに取り掛かるところだった。本格的な政界事件の摘発は絶えており、16年当時の検察には官邸を押し返す力はなかったのだ。

結局、官邸は林を次官にしないまま18年1月、検察序列ナンバー4の名古屋高検検事長に転出させ、黒川を19年1月、検察ナンバー2の東京高検検事長に起用した。

政治と検察の舞台裏に詳しい元検察首脳は、黒川の検事総長含みの勤務延長が決まった直後、安倍政権について「特異な体質の政権だ。法務省が何を言っても、聞く耳をもたなかった。いずれ毒が回る」と評した。その予言は的中し、安倍は任期を残して政権を放棄した。

安倍は去り、最高権力の座は、官邸の裏方を取り仕切った菅が引き継いだ。菅は官房長官として配下の官房副長官兼内閣人事局長の杉田和博とともに、7年8カ月続いた第2次安倍政権で検察人事について強い影響力を持っていた。2人は一連の騒動の政界側の影の「主役」だったと言ってもいい。この物語を読み進めていただければ、それが明らかになるだろう。

名実ともに表裏の権力を握った菅はさっそく、「地金」をあらわした。政府から独立した立場で政策提言をする科学者の代表機関「日本学術会議」が、新会員として推薦した候補の研究者105人のうち6人の任命を拒否したのだ。

学術会議の会員は、特別職の国家公務員で同会議の推薦を受け政府が任命する。6人の中には安全保障関連法など安倍政権の政策に反対を表明した人も複数含まれており、学術会議側や野党から「憲法が保障する学問の自由への侵害ではないか」との批判が相次いだ。これに対し、菅は記者会見で、6人に対する除外理由を「総合的、俯瞰的な活動を確保する観点から判断した」などと述べるだけで、具体的な除外理由の説明を拒んだ。この人事判断でも杉田が重要な役割を果たしたとみられる。

20年10月4日の朝日新聞朝刊は、「官邸が16年夏の補充人事の選考過程で難色を示し、3人の欠員が補充できなかった」と伝えた。その後の報道などによると、これが安倍政権による最初の本格的「介入」だったようだ。法務事務次官の人事を皮切りに法務・検察への人事介入が始まったのも16年夏だった。これは偶然ではなかろう。第2次安倍政権での政治主導による官僚人事グリップに自信を深めた「安倍・菅政権」が、満を持して従来、「アンタッチャブル」とされた領域にも果敢に踏み込み始めたことを示しているようにも見える。

その菅が今後、因縁の検察にどういう姿勢で臨むのか。とりあえず、16年以降の4年間に政権と検察の間で何があったのか、なぜそうなったのか、当時の取材メモを元に解き明かす。

第1章 黒川と林、そして稲田

同期の黒川弘務（右）と林真琴（左）共同通信社

第1節　多士済々——花の35期

検事長を輩出した期

官庁や企業の新人採用では、豊作の年と不作の年があるといわれる。1980年秋の司法試験に合格し83年4月、53人が検事に任官した司法修習35期は、法務・検察にとって間違いなく豊作だった。その目安となるのが、天皇の認証を受ける認証官ポストを、同期でいくつ占めるか、だ。

検察には、検事総長、次長検事と検事長8人の計10の認証官ポストがあり、認証官になることを検察官人生の目標にする検事は少なくない。昭和天皇の時代に東京地検検事正から高松高検検事長になったある検事は「天皇の前に行ったら、感激で足が震えた」と筆者に語ったことがある。

その認証官について検察では、同期で3人輩出すればいい方だとされる。35期では、検事総長になった林真琴のほか、黒川弘務が検察ナンバー2の東京高検検事長、上野友慈《ゆうじ》がナンバー3の大阪高検検事長、齊藤雄彦《ゆうひこ》が広島高検検事長、稲川龍也《たつや》も同高検検事長で退官した。この期にいかに人材がそろっていたかがわかる。

検察権行使という国家公務員として特殊な仕事をこなす検察と単純比較はできないが、霞が関の官庁で優秀な人材がそろった期として記憶されているのが旧大蔵省の「昭和41年（1966年）入省組」だ。

財務事務次官となった武藤敏郎を筆頭に、岡田康彦環境事務次官、久保田勇夫国土事務次官、佐藤謙防衛事務次官、塩田薫範《しげのり》公正取引委員会事務総長、松川隆志北海道開発事務次官、森昭治金融庁長官、阪田雅裕《まさひろ》内閣法制局長官と、同期で８つの役所の事務方トップの座を占めた。護送船団体制を大蔵省が牛耳っていた時代を象徴する人事でもあった。

一方、武藤と並ぶ次官候補の三羽烏といわれた中島義雄は、二信組事件を起こしたＥＩＥインターナショナル社長の高橋治則との親密交際や、副業疑惑が発覚し財政金融研究所長で退官。もうひとりの長野厖士《あつし》も職務に関連のある金融機関から過剰接待を受けたとして、証券局長だった98年に減給処分を受けて辞職した。元造幣局長の井坂武彦は天下り先の日本道路公団で、取引先の証券会社や銀行から過剰接待を受けたとして98年に収賄容疑で逮捕された。「大蔵省41年組」は浮き沈みも激しかった。その点も検察の35期は似ている。

検察35期の三羽烏

黒川、林と並び検察35期の「三羽烏」と呼ばれたのが佐久間達哉だ。東京地検特捜部長時代の２０１０年１月、小沢一郎元民主党代表の資金管理団体「陸山会」の土地購入をめぐり、小沢の元秘書の石川知裕衆院議員を逮捕した政治資金収支報告書虚偽記載事件の捜査を指揮。

佐久間は、小沢が不起訴となった経緯を審査する検察審査会に、石川の聴取内容として事実と異なる報告書を提出。報告書を作成した担当検事の田代政弘に対する監督責任を問われて、佐久間は戒告の懲戒処分を受けた。検察を震撼させた大阪地検特捜部の証拠改竄事件の発覚と時期も近かったため、こちらも「特捜部の暴走」との批判を受けた。

この事件は、そもそも自公政権から民主党政権への政権交代が確実視されていた09年3月、特捜部が「陸山会」の会計責任者の公設秘書を、ダミーの団体を使って中堅ゼネコンの西松建設から献金を受けたとして、政治資金規正法違反（虚偽記載）容疑で強制捜査したのが発端だった。佐久間が指揮する特捜部は、自民党を有利にするための「政治的捜査をしているのではないか」などと批判を受けた。

佐久間ら特捜部は最初から小沢をターゲットにしたわけではなかった。西松建設の裏金を追う捜査の中で出てきた事件だった。献金とダム工事受注をめぐる口利きの深い利権構造が見えたため立件。その延長線上に小沢自身の虚偽記載疑惑が浮かんだ。

後年、その佐久間について検察首脳が、小沢事件で無理をしたから、検事長にはできないと烙印を押す中、法務事務次官になっていた黒川は「佐久間は浮かんだ容疑を愚直に捜査しただけ。見方を変えれば、検察として筋を通した、ともいえる」と評価し、最後まで佐久間を検事長にしたい、と部内を説得した。一方、林は佐久間の検事長起用には消極的だったという。

黒川は、純粋に「不正の疑いがあれば、見逃さない」という佐久間を若手検事らの手本とするため、検事長で処遇したいと考えたとみられるが、結局、佐久間は法務省法務総合研究所長で退官した。

法務・検察首脳の間では、佐久間を出世させると、旧民主党議員らから「やはり、政治的捜査の論功行賞だった」と反発を受けるのではないか、との忖度も働いたとみられる。

検察批判の急先鋒

郷原信郎も35期。豊かな発想と行動力が際立つ検事だった。公正取引委員会に出向経験があり建設談合の実態に通じていた。１９９３年のゼネコン汚職事件で、特捜部が、業者談合を背景にした仙台市長の収賄容疑をどう構成するかで手こずった際、市長の「天の声」で受注業者が決まる贈収賄の図式での構成を発案。その後の茨城、宮城の県知事汚職の摘発につなげた。

長崎地検次席検事時代には、選挙資金の寄付を違法に要求した元自民党長崎県連幹事長を起訴。それを手柄に意気揚々、東京地検に戻ったが、特捜部時代の「組織との協調性の欠如」などを理由に上司や同僚の評価は高くなかった。長崎地検時代に収集したゼネコンの裏金情報を特捜部に持ち込んだが、無視された。

郷原は２００６年に退官。「法令の背後にある社会からの要請を企業はしっかり受け止めるべき」と標榜するコンプライアンス専門の弁護士になった。09年春、前述の小沢の秘書の政治資金規正法違反の摘発を機に、検察批判の論陣を張るようになり、検察の不当捜査を争う事件の被告人の弁護人をいくつか務めた。

20年には、特捜部に特別背任罪などで起訴され、保釈中にレバノンに逃亡した前日産自動車会長のカルロス・ゴーンにインタビューし、『「深層」カルロス・ゴーンとの対話』（小学館、20年4月）も出版した。

今回の黒川の勤務延長問題でも、閣議決定翌日の20年2月1日に、ブログ「郷原信郎が斬る」

で「検察官の定年退官後の『勤務延長』を閣議決定したのは検察庁法に違反する疑いがある」と指摘。立憲民主党代表の枝野幸男らによる追及の背中を押す役割を果たした。

皮肉なことに、黒川は、郷原が若いころから最も親しくしてきた同期の一人だった。黒川は、部内で孤立しがちな郷原をかばい、長崎の事件などでも郷原の相談に乗った。郷原は退官後も黒川と頻繁に接触していた。

元経済再生担当相の甘利明があっせん利得処罰法違反などの疑いで告発され、のちに甘利と元秘書2人が不起訴になった事件（16年）で郷原は、官房長の黒川に対し、立件に向けてプッシュしていたことをブログで明かしている。「（特捜部に）しっかりやらせるから」との黒川の言葉が、「私を含めた『検察外部者』に、『検察の捜査・処分を、希望する方向に向けてくれるのではないか』との期待を抱かせる効果を持っていた」とも記した。

だが、黒川は、郷原に調子を合わせただけで、特捜現場には、何も伝えていなかったようだ。捜査してほしくない側からの接触に対しても、同じ対応だったとされる。この事件と黒川のかかわりについては、別の章で触れる。

政界転身組も

東京地検特捜部副部長や同地検公安部長を務めた若狭勝も35期。２００９年に退官。弁護士となり13年7月の参院選に自民党公認で出馬したが落選。その後衆院議員に当選し、小池百合子都知事を担いで「希望の党」を創設。17年10月の衆院選に臨んだが再び落選。現在は、テレビのコメンターとして活躍する。

佐々木知子も35期。15年間検事を務めた後、1998年7月の参院選に自民党公認で出馬して当選。1期だけ務め、自民党女性局長、小泉政権の厚労大臣政務官などを歴任した。作家の顔も持つ。

35期には、ほかにも、福岡地検検事正時代、福岡県警の暴力団工藤会壊滅作戦を支えた土持《つちもち》敏裕がいる。90年に大蔵省証券局に出向。92年7月の証券取引等監視委員会の立ち上げに参加した。98年の大蔵接待汚職に関連し、大蔵省に出向当時の飲食接待で処分され、エリートコースを外れたが、治安・秩序維持のため、暴力団など反社会的勢力に対し積極的に検察権を行使。02年、渋谷センター街でイラン人の薬物密売人に対する警視庁のおとり捜査を検察側で支えた。京都地検検事正で退官後、福島県郡山市で弁護士を開業したが、20年3月病気で死去した。

35期の変わり種は城祐《たち》一郎だ。佐渡賢一大阪地検検事正の指揮のもと同地検特捜部副部長として04年、食肉利権をめぐるハンナン事件を摘発した。地下社会が絡む経済事件にはめっぽう強く、大阪府警がなかなか手を出せなかった「難敵」を陥落させた。検事時代に薬学博士号をとり18年最高検検事で退官。昭和大学医学部法医学講座教授になった。

第2節　検察の竜虎

リクルート事件で特捜デビュー

その35期の中にあって、黒川と林は、司法試験の成績はトップクラスではなかったものの、検事としての存在感が若いころから際立っていた。ともに、リクルート事件の捜査が特捜検事としての本格的なデビュー戦だった。他の同期も動員された。林、佐久間、同じく35期の小島吉晴はリクルート事件の捜査が始まる前に特捜部入り。黒川は1年遅れた。

就職情報誌大手「リクルート」創業者で元会長の江副浩正が、政官財界とマスコミの要所に関連会社の未公開株をばらまいていた。昭和末期のバブル膨張直前に起きた事件だった。摘発は、政治とカネの乱脈に警鐘を鳴らし、政治資金規正法を改正するきっかけとなった。

マスコミの調査報道を検察が追いかけるという、今では珍しくなくなった捜査パターンによる大事件摘発でもあった。

検察は、政界、旧労働省、旧文部省、NTTの4ルートで捜査し、藤波孝生元官房長官を国家公務員の青田買い防止などの請託を受け、リクルート社側からリクルートコスモスの未公開株1万株や小切手2000万円の賄賂を受け取ったとして受託収賄罪で起訴。また、池田克也衆院議員（公明党）を就職協定をめぐり国会質問を行うようリ社側から請託を受け、総額700万円の小切手や振り込み送金を受けたほかコスモス株5000株の譲渡を受けたとして、これも受託収賄罪で起訴した。さらに、文部、労働の各元事務次官やNTT元会長の真藤恒ら計12人を起訴した。いずれも執行猶予付きの有罪判決が確定した。贈賄側の江副は公判で一貫して無罪を主張。100人以上の証人が出廷し、一審有罪判決の言い渡しまでに13年3カ月を要した。

当時の特捜部は、主任クラスの検事に個性派がそろっていた。樋渡利秋《ひわたりとしあき》（22期）、佐渡賢一（23期）、熊崎勝彦（24期）、神垣清水《せいすい》（25期）らである。樋渡は法律に強く明晰な判断が売りだった。のちに法務省刑事局長、事務次官を歴任。検事総長にまで昇り詰めた。

佐渡、熊崎、神垣は、生粋の現場派だ。佐渡は、特捜部副部長として自民党一党支配の55年体制崩壊の引き金となる東京佐川急便事件と、金丸信元自民党副総裁の5億円闇献金事件を摘発した。熊崎は特捜部副部長としてゼネコン汚職事件の捜査を指揮。特捜部長として大蔵接待汚職を摘発した。神垣は、刑事部副部長としてオウム真理教事件の摘発を指揮した。

「天才検事」の薫陶

リクルート事件の際、黒川は、「捜査の天才」と呼ばれた佐渡の下で「政界ルート」班に配属され、藤波の捜査を担当した。佐渡は頭脳明晰だが、勤務中は普段から口が重かった。だいたい、「ああ、おお、うう」としか言わない。

黒川は、佐渡に指示されて藤波の資産形成を捜査しその報告書を上げた。佐渡に呼ばれて部屋に行くと、佐渡は窓の外を見ながら、何も言わず、デスクの上の報告書の1カ所を鉛筆でトントンとたたくだけ。

面食らった黒川は、先輩検事に「あれは、どういう意味なんでしょうか」と尋ね、「そこをもう一度、しっかり調べろ、ということ」と教わった。「佐渡さんと会話ができるまでに半年かかった」と黒川はのちに語った。

佐渡は、口は重いが、決断は早く、行動は大胆だった。極秘だった藤波聴取に感づいた記者をまくため、立会事務官と2人、車のトランクに隠れて藤波事務所のビルの駐車場から脱出したり、起訴前の最終取り調べの日には、聴取場所の区検の施設まで妻の運転する車で新聞社のハイヤーとカーチェイスしたりした。

当時の検察には、旧帝国陸軍的な組織文化が残っていた。一線の検事や事務官には厳しい情報管理と組織行動を要求する一方、各捜査班を取り仕切る班長が上司の覚えをめでたくするため、捜査報告などを理由に特捜部長や副部長の執務室にしょっちゅう顔を出し、雑談をすることが多かった。

佐渡はそういうことを一切無視した。情報通の黒川が他の班長の様子を伝え、おせっかいで「佐渡さんも顔を出した方がいいのでは」と言っても「ああ」と言うだけで行かない。頭の中にあるのは事件のことだけだった。

佐渡は、東京地検刑事部長、同次席検事、京都、大阪地検の検事正を務めたあと、福岡高検検事長で検事を退いた。退官後、証券取引等監視委員会委員長に任命され、オリンパス事件など数々の市場犯罪を摘発した。法務省で官房長、法務事務次官になった黒川は、佐渡にとって監視委と検察の人事交流や後任の委員長人事などを相談する相手だった。

佐渡は、黒川の行政手腕を高く評価。「検事総長でいいんじゃねえか」と話していた。

逆転有罪の決め手

林は、その黒川の同期であり、盟友だった。

特捜部特殊直告担当副部長の堤守生《つつみもりお》の下で、林は、リクルート事件のとば口となった楢崎弥之助《ならざきやのすけ》衆院議員に対するリクルートコスモス社長室長の贈賄申し込み事件の捜査から、かかわった。文部省ルートを経て、のちに特捜部長になる熊崎の班で池田議員の捜査を担当した。林の仕事は手堅かった。

藤波に対する一審判決は、リクルート側の「請託」を裏付ける客観的事実の立証が不十分として無罪を言い渡した。佐渡が主任検事に抜擢された控訴審の公判では、江副が藤波に「公務員の青田買い防止の善処」を請託した9日後の1984年3月24日に、リ社幹部らが藤波を訪ね、その後の対応を確認した「フォローアップ訪問」の有無が焦点となった。「訪問」が証明されれば、請託があった心証は強まるという理屈だ。

林ら文部省ルートの捜査チームがリ社側の参考人からとっていた供述調書には、リ社幹部が議員会館から国会内へ通じる地下トンネルを通って国会に行った、との記載があった。佐渡らは供述調書の山の中からその事実を見つけ、藤波の行動を詳細に調べ上げ、藤波が国会審議休憩中の昼休みを利用して、リ社幹部をわざわざ国会内に呼んで面談している事実を突き止めた。

国会審議で忙殺されている中、わざわざ国会内まで呼んで会ったのは、江副の請託に応えるための配慮だと検察側は主張。裁判所はこれを受け入れて、逆転有罪を言い渡し、最高裁で確定した。

林自身が直接、地下トンネルの場面の調書を作成したかどうかは定かではないが、林ら若手検事は多数の関係者を取り調べており、その中に地下トンネルの調書があった。そして、その調書が検察を救った。

情報漏洩の犯人捜し

リクルート事件の最大の政治エポックは、1989年4月25日の竹下登首相の辞職表明だった。辞職の原因は、首相の金庫番といわれた秘書の青木伊平が87年に個人名義で江副から借りて、数カ月後に返済した5000万円の借金だった。

国会でリクルートからの利益提供の内容を追及された竹下は、リ社から未公開株譲渡や政治献金などで1億5000万円の資金提供を受けていることを公表。「これ以外はない」と宣言した。その直後に、朝日新聞が青木の5000万円借金をスクープ。首相は不公表の責任をとって辞職表明した。青木はその翌日自殺した。

佐渡は上層部の指示で、青木を取り調べ、5000万円は個人ベースでの貸借で政治資金でもない、として「事件性なし。シロ」と上層部に報告。青木にもその旨伝えていた。

特捜部は、佐渡による聴取のあと、別の検事に青木の取り調べを続行させた。青木は特捜部が

86年に捜査した平和相互銀行事件の金屏風疑惑でも名前が取り沙汰されており、それらの疑惑についても聴取したとみられる。

朝日新聞の報道について、この５０００万円の借金の資料収集や捜査にかかわった複数の検事が、青木自殺の直後、特捜部長の松田昇や副部長の宗像紀夫から「５０００万円の話は検察関係者の一部しか知らない。漏らしたのではないか」と査問を受け、いずれも否定した。佐渡は査問対象にならなかった。

「青木さんは気の毒だった。『青木さんを死に追いやったのは、検察だ。佐渡はいいが、その後、青木さんを調べた検事は許さない』と政治家らが息巻いていると、竹下派を担当している友人の記者から聞いた。私のあと青木さんを調べた検事は、きちんとした人で、彼が情報をリークしたとはとうてい考えられない。真相はわからない」と佐渡はいう。

特捜のエースといわれた検事正の吉永祐介も自ら検事たちへの査問を行った。林は、その吉永から査問を受けた。吉永は重要な供述調書には自ら目を通す職人肌で、厳格な捜査管理で知られるが、東京地検検事正は首都の治安を担う検察の大幹部であり、認証官の待機ポストでもある。普通は、情報漏洩の調査などは部下に委ね、自ら乗り出すことはない。

「吉永さんが調査に乗り出さざるを得ないほど、重大なことだった。もし検察のリークだとすると、検察が、無辜《むこ》の人を自殺に追い込み、政権まで倒した、ということになる。それはあってはいけないことだ。少なくとも、自民党はそう疑っている。今にいたる、検察に対する自民党の不信の原点はそこにある」

のちに林は周辺関係者にこう語った。

ただ、刑罰法令に違反しないのだとしても、青木や竹下は真相と異なる事実、つまり「嘘」を公表したのだから、「無辜」とまではいえない。首相が「嘘」を公表したことを知りながら検察がそれを放置していたのだとしたら、むしろ、その方が問題だ。検察は「嘘」に加担したことになる。検察は国民から政治権力がからむ疑惑の真相解明を期待されているが、それを持ち出すまでもなく、政府の一部局である検察は、上司である首相の「嘘」を正す責任があったとの見方もできる。

若虎

黒川は、東京都出身。弁護士をめざし早稲田大学法学部に入学したが、1年で東大を受け直し法学部を卒業。福島地検郡山支部、法務省刑事局付などを経て1997年4月、東京地検特捜部。これがリクルート事件の時に次ぐ2度目の特捜部勤務だった。証券大手などの総会屋に対する利益供与事件の延長で、旧証券取引法違反（利益の追加要求）容疑がもたれた衆院議員、新井将敬《しょうけい》の事件を担当した。新井は逮捕許諾請求中の98年2月19日、自殺した。

黒川は、新井が自殺する前夜、午後11時まで新井の妻を調べていた。途中で新井から妻の携帯に電話があり、妻は「聴取が終わったら、すぐ行くから」と電話を切ったが、様子が普通ではなかった。黒川は「捜査の内容やプロセスには何の問題もなかったが、やはり寝覚めが悪かった」と周辺にこぼした。

若いころは、上司や年上の弁護士らにもタメロをきく、「とっぽい」検事だったが、陽気で開放的な性格は誰からも好かれた。颯爽と獲物を追う若虎のイメージだった。

独特の捜査、情報センスがあり、政官業や地下経済のからむ構造的な事件の切り口を探すのにたけていた。新井事件でも、表面的な事実だけでなく、韓国系の投資グループによる大掛かりな金融犯罪の摘発を視野に入れていたようだ。証券会社から東京、ロンドン、ケイマン諸島を股にかけたマネーロンダリングのからくりも聴き出したが、特捜幹部はまったく興味を示さなかった。

黒川が特捜部で最後に手掛けた事件が、98年秋、政党助成法違反、政治資金規正法違反、公職選挙法違反（買収）、受託収賄、詐欺の五つの罪で起訴された衆院議員、中島洋次郎の事件だった。この事件は山本修三副部長、吉田統宏《もとひろ》キャップの下で黒川が仕込んだものだった。ただ、黒川は強制捜査に着手する直前の98年8月、法務省の一本釣りで大臣官房司法法政調査部参事官に異動した。

黒川より1期上で、特捜検事として黒川からこの事件を引き継いだ長谷川充弘《みつひろ》（34期、2016年から証券取引等監視委員会委員長）は言う。

「議員がかかわる政治とカネの不正の『デパート』というより『箱庭』のような事件だった。その引き継ぎの後、キャップの部屋で一杯飲んだ際、私が『これで特捜とは永遠のお別れだな。本省で頑張ってね』と言うと、（黒川は）ものすごく嫌そうな、泣きそうな顔をした。クロちゃんは、幅広い視点で事件を見る、筋見が抜群の検事だった」

多くの先輩検事が「特捜検察のエースになる」と期待した黒川の特捜検事人生はここで終わる。

林──魂の龍

一方の林は、愛知県豊橋市出身。「宮大工の棟梁の息子」が自慢のタネだった。東大法学部卒。東京地検、甲府地検などを経て1991年4月から3年余、在仏日本大使館一等書記官を務めた。法務省に戻ったあとの96年4月、高知地検三席検事になった。

「動」の黒川に比べると、もの静かだが、頭脳明晰で、事件や政策立案の構想力は群を抜いていた。天に上る「龍」のイメージだ。少ない情報で事件の本質を見抜くセンスがあった。相手の気をそらさない繊細さも備え、無理なく被疑者から供述を引き出した。

その才能は、法務省に移ってからもいかんなく発揮される。法務・検察に敵対的な姿勢の国会議員でも、林が話しに行くと、いつの間にか、法務・検察への批判を言わなくなり、むしろ、応援団になった。

東京地検特捜部が97年に摘発した第一勧業銀行の総会屋に対する利益供与事件の捜査にも動員され、東京拘置所で同行幹部らを取り調べた。

第一勧銀の捜査の過程で、林は、大蔵省金融検査官らが第一勧銀から飲食接待を受けていた事実を確認する。林が捜査から抜けたあと、特捜部は大蔵接待汚職の摘発に乗り出し、翌98年、金融検査官やキャリア官僚を収賄罪で起訴。大蔵省は国民の信頼を失う。

ちなみに先に触れた2010年の大阪地検特捜部の証拠改竄事件に連座して、犯人隠避容疑で最高検に逮捕された元大阪地検特捜部長の大坪弘道は、この第一勧銀事件で林らとともに東京拘置所で被疑者の取り調べを担当した。いわば「同じ釜の飯を食った」仲だった。

大阪地検の証拠改竄事件は、郵便不正に使われた厚労省の偽の証明書の作成にかかわったとして、虚偽有印公文書作成などの罪で起訴され無罪となった元厚労省局長の村木厚子の事件をめぐって起きたものだ。主任検事の前田恒彦が、検察側のストーリーに合わせて作成された供述調書のボロを隠すため、押収したフロッピーディスクの情報を見立てに沿うよう改竄した、というとんでもない事件だった。

大坪は、前田が故意にフロッピーを改竄したと知りながら「過失」にすり替え、検事正ら地検トップに「問題ない」と嘘の報告をしたとして一、二審で有罪判決を受け確定した。

改竄事件が発覚したとき、林は法務省官房人事課長だった。最高検の大坪逮捕の方針に異を唱え「懲戒免職で終わらせるべき」と主張した。大坪が逮捕されると拘置所に愛読している仏教書を差し入れたという。

林はフランス仕込みのワイン通で、飲むと陽気になった。新しもの好きでもあった。法務・検察で最初にiPadを使い始めたのは林だったとされる。緻密な林の捜査力を買った先輩検事らから「特捜部長候補」といわれていたが、黒川より2カ月早い98年6月、法務省に異動。林の特捜検事人生もここで終わる。法務省では大臣官房秘書課に配属された。

第3節　同志

検察の制度疲労

　1990年代後半、日本の護送船団体制は、ガタが来ていた。構造改革が求められ、国レベルの改革が、経済、政治、行政の順で進んでいた。次は司法の番だった。司法制度のメンテナンスに責任を持つ法務省は、50年に一度の制度改革に取り組むことを決めた。黒川と林は、その「参謀本部」と「後方支援本部」の最若手要員として召集されたのである。

　97年から5年間、法務省官房長、2002年から2年間、法務事務次官を務め、東京高検検事長を経て検事総長になった但木敬一が2人の「親分」となった。但木は、様々な問題を抱える司法の構造改革のため、2人を「飛車」「角」として縦横無尽に使った。

　黒川と林は、特捜事件の捜査などを通して刑事司法や検察の構造的な弱点を理解していた。そのころの裁判官は、官僚法曹仲間の検察に対して厚い信頼を寄せ、検事が作成した供述調書があれば、まず有罪の心証をとってくれた。それをよいことに、功を焦った特捜幹部が取り調べ担当検事に被疑者らから無理なストーリーの調書を取るよう迫ることがあった。だが、社会の人権意識は高まり、検察の「作文調書」問題に対する弁護士の追及も厳しさを増していた。そういう捜査、刑事裁判がいつまでも、持つはずがなかった。

さらに、その「システム」に安住した検事は、政治や経済、行政の仕組みにうとくなり、政官業の構造にからむ不正の情報をとる努力もしていなかった。このままでは、いずれ、特捜検察は行き詰まり、無理な捜査をして破綻する、という点で、黒川と林の認識は一致していた。司法制度改革に取り組むなら、そこまで視野に入れなければ、との思いもあった。

検事総長候補

黒川は、法務省が主導した司法制度改革の制度設計からかかわり、改革法案策定に向けて政官界や弁護士会へのロビーイングを行った。不良債権処理にからむサービサー法制定も黒川の仕事だった。内閣官房司法制度改革推進準備室参事官、法務省大臣官房司法法制課長として改革関連部門を引っ張った。

林も、秘書課付から刑事局参事官兼総務課企画調査室長、大臣官房参事官として、制度改革にかかわり、同時に、法務・検察で起きるもろもろの問題を解決する「スイーパー」役を務めた。福岡高裁判事の妻のストーカー事件にからんで、捜査記録を漏洩した福岡地検次席検事の不祥事では事実調査を取り仕切った。ちょうど法務省は司法制度改革で裁判所や弁護士会に「出血」、つまり、裁判員裁判や法曹人口問題で譲歩を強いているところだった。この事件で検察は厳しい世論の批判を受け、法務省の旗色は悪くなった。

林は「法務・検察も譲らないと持たない」と但木に進言。弁護士会が求めていた検察審査会の強制起訴制度導入への道筋をつけた。これは、検察が不起訴にした事件について審査会が２度

「起訴相当」の議決をすれば、被疑者が強制的に起訴される制度。伝統的な検察の起訴独占を放棄するものではないか、と部内で批判の声も上がったが、むしろ、「犯罪」を含め価値が多様化する中、検察もまた民意の掣肘《せいちゅう》を受けるべきだという時代の要請に沿った選択ともいえた。

既得権益の「岩盤」に挑めば、軋轢は生じる。ただ、黒川と林の2人はびくともしなかった。但木という大御所が背後に控えていることもあったが、何より「改革」の意気に燃え「向こう傷」を恐れなかった。このころには、2人は、当時の法務・検察幹部から将来の検事総長候補と認定される。

一方、2人より2期上で、のちに検事総長になる稲田伸夫も、司法試験の成績が優秀で若くして任官したことから検事総長候補と見られていた。本来は、司法制度改革の現場の主力になるべき立場だったが、1998年夏、黒川と入れ替わりで、刑事局参事官から内閣法制局参事官に異動。2002年8月に刑事局公安課長で法務省に戻るまで4年間を内閣法制局ですごした。

内閣法制局は、憲法解釈について政府に意見を述べ、法案の合憲性や整合性などを事前審査する「法律のプロ集団」だ。重要な仕事ではあるが、法務・検察部内では、事件の捜査や制度改革のロビーイングとは無縁の「安全地帯」と見る向きも多い。黒川、林の2人と稲田のこうした経歴の違いが、後々、検事総長人事に微妙な影を落とすことになる。

第4節　プリンスと汚れ役

秘書課長と人事課長

2002年に発覚した名古屋刑務所の受刑者虐待事件が、林の転機となった。明治41年（1908年）に制定された監獄法は、受刑実態にそぐわなくなっていた。法務省は、未決勾留者の処遇を含む監獄法の全面改正に動くことを要請された。林は、改正するなら左派の意見も聞かなければいけない、と但木に進言。但木は、これ幸いと林を、改正担当の矯正局総務課長に据える。

検察、警察、それに両者と対立関係にあった弁護士会との利害調整を要する難事業だった。林は、盟友の警察庁キャリアの栗生《くりゅう》俊一と組んで3者の意見を調整し、法改正にこぎつける。これが、林にとって大きな勲章となった。栗生も功績を認められ18年1月、警察庁長官になった。

一方、黒川は刑事局総務課長を経て06年7月、大臣官房秘書課長。秘書課長は法務大臣の日程調整だけでなく、危機管理も担当する。黒川は、大臣本人だけでなく、家族のトラブルでも土日返上で相談に乗った。そこでまた、政界人脈が広がった。08年1月、官房審議官に就任すると、政官界などへのロビーイングを一手に担った。法務省では、余人を以て代えがたい存在になっていた。

林は、黒川の後任の刑事局総務課長を経て08年1月、官房人事課長へ。人事課長は法務・検察の業務を内側から掌握し、検事、事務官の人事を策定する。
秘書課長、人事課長とも、官房長、刑事局長から事務次官へと昇進することが多い法務省のエリートコースだ。法務省の渉外は黒川、内部統制は林、という棲み分けが出来上がった。

危機管理でも両輪

黒川は、2010年8月、松山地検検事正になる。法務・検察幹部が出世街道を歩むためには、検察現場を知らないといけない、という理由で地方の検事正勤務を求められる。引っ張りだこの本省のエリートでも「腰掛け」では地元に失礼だという理由で、普通なら、最低1年は検事正として勤務する。

永田町や霞が関相手の濃密なロビーイングで神経の休まる間もなかった黒川にとっては、久々の息抜きタイムだった。だが、温泉とゴルフでのんびり羽を伸ばそうとした矢先、前述の大阪地検特捜部の証拠改竄事件が起きる。

検察に対し、「傲慢」「独善」などの批判の嵐が吹き荒れた。法務事務次官の大野恒太郎と人事課長の林は、危機を乗り切るため、急遽、黒川を東京に呼び戻す。黒川にとっては、わずか2カ月の検事正生活だった。

この特捜検察の奈落は、黒川と林が「いずれくる」と考えていたものだった。不祥事は大阪だけにとどまらなかった。例えば、東京地検特捜部が摘発した小沢一郎の資金管理団体を舞台にした政治資金規正法違反事件。小沢を強制起訴すべきと議決した検察審査会に事実と異なる記載のある捜査報告書が提出されていたことは先に触れたとおりだが、それとは別に、小沢の元秘書らが起訴された事件でも、裁判所は元秘書らの捜査段階の供述調書について「任意性がない」として一部を不採用とする決定をした。裁判所の検察に対する視線は冷たくなっていた。

法務・検察は、供述調書中心の捜査や決裁の在り方などを抜本的に見直さざるを得なくなった。黒川は、検察に批判的な委員も含めた法相の私的諮問機関「検察の在り方検討会議」（座長・千葉景子元法相）の事務局を担い、取り調べの録音・録画（可視化）の範囲拡大などを柱とした提言をまとめた。

林は11年4月から最高検検事となり、検察改革推進室長を務めた。全国の検察官、検察職員らと議論を重ねて検察庁の新たな理念をまとめ、コンプライアンスを強化した。

2人の奮闘もあり、ようやく、検察に対する逆風は弱まった。法務省の竜虎ががっちり連携して危機を乗り切った形だった。一方の稲田は08年10月から11年8月まで法務省官房長を務めていたが、この未曾有の危機対応については影が薄かった。

「人間サンドバッグ」

黒川は、2011年8月、稲田が刑事局長に昇進した後を受けて法務省官房長となり、5年もそのポストに留め置かれた。一方、林は、最高検総務部長から仙台地検検事正など検察ゾーンでキャリアを積み14年1月、刑事局長になった。稲田は、刑事局長から法務事務次官になった。

その間に、同格だった黒川と林に差がついた。林は「法務・検察のプリンス」となり、黒川は

「プリンスを支える汚れ役」となった。林に事故があった場合の「スペアの二番手」の扱いとなったのである。

法務省官房長は、法務省の予算や法案を国会で通すとともに、政権の危機管理の一翼を担い、また、検察の捜査や人事で政治の側からの「介入」をはばむ、という難しい役回りだ。特捜検察が政治家のからむ事件に切り込むと、官邸や国会議員から法務省に対し陰に陽に様々な注文がつく。その際、官房長は、政治の側に低姿勢で対応しつつ、検察が政治の側から直接圧力を受けないよう、防波堤の役割を担う。文字通り、体を張るのだ。

特に、難しい時代の官房長だった。09年に政権交代を果たした民主党は未熟な政策と内紛で国民の支持を失い、12年暮れには自公政権が復活した。黒川は敵対する２つの政権に法務省官房長として仕え、法務・検察の組織を守るという離れ技をこなした。

官房長は、政治から検察を守るため、政治家の罵詈雑言にひたすら耐える「人間サンドバッグ」にならざるを得ないこともある。黒川と林の師匠である但木もそれを経験している。

１９９８年２月、黒川らが捜査していた新井将敬が自殺したときのことだ。それを機に検察が求める新井の逮捕許諾に同調していた国会の空気が一変した。法務省官房長の但木は、刑事局長の原田明夫から「とにかく自民党の国対委員長室に行け。行って黙って座っていろ」と指示された。

前日まで友好的だった議員たちが、いちいち睨み付けて「検察は許さない。法案一本通せると思うな」と吐き捨てた。但木は何時間も針の筵に座り続けた。

こうした官房長の役割や仕事のきつさを理解する現場の検事は多くない。

「修羅場をサーフィン感覚で」

法務大臣官房で黒川と席を並べた元同僚は「クロちゃんは、危機管理能力が高く、しかも修羅場を『サーフィン』のように楽しむことができる。与野党問わず、相手の懐に飛び込んで、言いにくいことでもズバッと発言する。面倒を見られる点は柔軟に対応する。そういう変幻自在ぶりに感服した」と振り返る。

「法相や政権与党と仲良くする」だけが役目ではなかった。野党に対する重層的な根回しで、政府提出の法案を対決法案にしないことが求められた。国会対策は、要するに野党対策だった。

検事あがりの法務官僚の多くは、検事時代の「癖」で、与党幹部と折衝するにも四角四面になりがちだ。それをダメ出しされ、心身に変調を来す者さえいる。そうした中、黒川は絶妙の距離感で与野党議員に接し「ファン」を増やした。法務・検察幹部は「黒川にしか務まらない」と後継を育てることをあきらめた。それが、法務官僚としての黒川の最大の「不幸」だった。

向こう傷も負った。小沢一郎の資金管理団体を舞台にした政治資金規正法違反事件に関連し、民主党参院議員の森裕子から自民党、公明党側に有利な捜査を主導する「黒幕」と名指しで非難されたこともある。

自公政権下の２０１６年春、甘利明元経済再生担当相が、あっせん利得処罰法違反の容疑で告発された事件では、「政権与党側に立って捜査に口を挟んだのではないか」と雑誌やウエブメディアで批判を受けた。

当の黒川は「パッパラパーのクロちゃんですから」と笑い飛ばしてきたが、時には腹に据えかね「俺にも、退官後の人生がある」と気色ばむこともあった。

安倍の長期政権の間、法務省官房長、そして事務次官を務めた黒川は「安倍政権の守護神」と批判されたが、その前の民主党政権時代も官房審議官、官房長の役職にあった。民主党政権の内閣府特命担当大臣や官房長官を務めた仙谷由人に可愛がられ、一時、自民党から警戒されたこともあった。

「甘利事件」当時の検察首脳は「事件処理などで黒川が恣意的に動いたことはない」と雑誌などの批判を一蹴する一方で、検事総長の人事については「検事総長は検察の象徴であり、政治と近いとのイメージを持たれただけでふさわしくない。だから黒川でなく、林を、との意見が多数を占めた」とも語った。

黒川が「二番手」になったのは、検事が主要なポストを占める法務・検察の独特のメンタリティによるところが大きい。政策官庁なら、政権が評価する官房長は、役所の中でも高く評価されるが、政治腐敗監視を国民から期待されている検察では、「政界との良い関係」は、「胡散臭い」「薄汚い」と嫌悪の対象になり、政界が贔屓《ひいき》すればするほど、それに反発するのだ。

本当の理由

ただ、法務・検察の首脳にとって、それは、表面的な理由だ。現に黒川と同様、官房長から法務事務次官に昇格し計6年半、政界ロビーイングを担当した但木は2006年6月、検事総長になっている。内閣官房長官や財務大臣を歴任し17年5月に亡くなった与謝野馨とは肝胆相照らす仲で葬儀副委員長まで務めた。黒川には、そこまで親密な政治家はいない。

法務・検察が黒川を検事総長候補にしなかった最大の理由は、大野恒太郎（司法修習28期、検事総長在任は14年7月～16年9月）、西川克行（31期、16年9月～18年7月）の次の検事総長候補であった稲田（33期、18年7月～20年7月）の検事総長在任期間の調整が難しくなることにあった。

検事総長の定年は65歳。これに対し、検事長以下は63歳が定年だ。そのため、検事総長のポストは、期にして2期、年齢は2歳違いで交代していくのが、法務・検察の人事権者にとって最もスムーズなのだ。

実際、歴代検事総長の在任期間は、大阪地検の不祥事で引責辞任した大林宏（24期、10年6月～10年12月）の半年、そのピンチヒッターとして登板した笠間治雄《かさまはるお》（26期、10年12月～12年7月）の1年7カ月、総長候補だった東京高検検事長の則定衛（15期）が女性スキャンダルで引責辞任したため、それぞれ約3年間在任した北島敬介（13期、98年6月～2001年7月）、原田明夫（17期、01年7月～04年6月）を除くと、1990年代半ば以降、だいたい2年前後となっている。

大野の後の検事総長だった西川は1954年2月20日生まれ。次の検事総長が確実視されていた稲田は56年8月14日生まれ。黒川は稲田とはわずか半年違いの57年2月8日生まれ。黒川を検事総長にするには、黒川が満63歳の誕生日を迎える前日の20年2月7日までに稲田が辞めなければならない。そうなると、3年半の間で西川、稲田の2人が総長を務めるという窮屈なことになる。

これに対し、林は57年7月30日生まれ。稲田より誕生日が約1年遅い。西川、稲田が2年ずつ検事総長を務めても、その後に総長ができるだけの時間的余裕が十分あるのだ。

もっとも、検事総長人事をめぐる議論の過程で、法務・検察首脳の間では、黒川、林の2人を2年ずつ検事総長にするため、稲田を総長候補から外すという意見もあったようだ。「黒川と林は、司法制度改革や検察改革の修羅場で働いた。2人にはその功績に報わねばならないが、稲田にはその必要がない」と筆者に語った元首脳もいた。しかし結局、任官時期と生年月日の関係で稲田を西川の次の検事総長にすることで落ち着いた。

仮に、西川が在任2年で勇退し、18年夏に稲田に総長を引き継ぎ、稲田が任期1年で19年夏、黒川に検事総長を譲ったとしても、黒川から林へと同期で検事総長の椅子を引き継ぐとなった場合、黒川は林の定年前の20年7月までに退官しなくてはならない。18年から20年の2年間で検事総長3人が交代することになり、任期が一層、窮屈なことになる。重責を担う検事総長が半年や1年でころころ代わるのは、国民が望むところではない、だから、稲田、林の順でつなぐしかない、というのが法務・検察首脳らの理屈なのだ。

黒川と林、そして稲田。この年齢の近い3人の検事がそれぞれ検事総長候補となり、定年近くまで在職したことが、今回の人事騒動のひとつの原因だった。そこに政治の側が介入する余地が生まれたのだ。

第2章

16年夏の陣
——事務次官人事への介入

検察の前に立ちはだかった菅首相　共同通信社

第1節　ミスマッチ

1年で次官交代の密約

「真っ青になって帰ったようだ」

２０１６年7月中旬、法務事務次官の稲田が、後任次官の人事案を官房長官の菅の反対で撤回せざるを得なくなったときの様子を、官邸筋はこう語った。

法務省の人事案が官邸の意向で覆るのは前代未聞のことだった。「検察人事の政治からの独立」に「黄信号」が灯った瞬間だった。すべてはここから始まった。

法務省の人事案では、稲田の後任の法務事務次官には刑事局長の林が昇格し、官房長の黒川は地方の高検検事長に転出させることになっていた。ところが、菅は黒川を事務次官に昇任させるよう強く求めたという。官邸に近い筋は当時の状況について「官邸側の意思は固く、稲田の説得が受け入れられる状況ではなかった」と証言した。

これを受けて稲田は検事総長の大野ら法務・検察の首脳と対応を協議。黒川を事務次官に起用し、林を刑事局長に留任させる人事案に切り替え、内閣の承認を得た。

16年8月15日、政府は、大野が17年3月末の定年まで半年を残して検事総長を辞職し、後任に東京高検検事長の西川を充てるなど、10人の認証官の異動を認める9月5日付の人事を閣議決定した。

10年から11年にかけて大阪、東京の両地検特捜部で相次いで発覚した不祥事を受けての検察改革がようやく軌道に乗ったのを機に、検察の体制を一新する大型人事だった。この人事で法務事務次官の稲田は仙台高検検事長に任命され、後任次官には黒川が就任した。

法務省内では、人事案の変更について「官邸側の要請がお願いベースだったため法務省としては断り切れなかった」と説明された。官邸との折衝に当たった稲田が官邸側から「黒川次官は1年だけで、1年後には林に交代する」という「約束」をとりつけた、との話も法務・検察の首脳の間で共有された。

法務事務次官は総長の登竜門

法務事務次官は、法務大臣を補佐する事務方トップだ。法務・検察の序列では、天皇の認証官である検事総長、東京、大阪など8高検の検事長、最高検の次長検事に次ぐポストだ。検事総長への登竜門とされ、最近では、大阪地検の不祥事対応で急遽登板した笠間治雄を除く8人中7人が法務事務次官から東京高検検事長を経て検事総長に就任している。

黒川、林の2人は、粒ぞろいとされる検察の司法修習35期の中でも傑出した存在で、検事任官約10年後から2人とも、将来の検察首脳候補として法務省の行政畑で重用されてきたことは先に触れた。

法務・検察部内での評価に甲乙はないが、2016年夏の時点では、一部の法務・検察首脳の中に「黒川検事総長」論はあったものの、大勢は、林を、稲田の次の検事総長とする方向でまとまっていた。

稲田の報告の通り、1年後に林が事務次官に就任できるなら、その構想が崩れる心配はないと首脳らは安堵した。その時点で黒川を地方の検事長に出して検事総長コースから外し、最後は、最高裁判事の道などを用意すれば落着すると考えたのだ。

衝撃と不安

1970年代以降、半世紀にわたり、時の政権が、検察を抱える法務省の人事について口を挟んだと報道されたことはほとんどない。

そうした中、2012年暮れの総選挙で誕生した第2次安倍政権は、政治主導を強調し、慣例にとらわれない人事を目指した。

13年7月には厚労事務次官人事で、本命視されていなかった村木厚子厚労省社会・援護局長を抜擢した。村木は大阪地検が摘発した郵便不正事件で起訴されたが、無罪となり、「検察暴走の犠牲者」と受けとめられていた。

また、同年8月には、旧運輸省事務系キャリアの「指定席」とされていた海上保安庁長官に、初めて現場生え抜きの海上保安官の佐藤雄二を充てた。内閣法制局長官人事でも、昇格確実とみられていた法制次長でなく、外務省の小松一郎駐仏大使を起用した。集団的自衛権をめぐる政府の長年の憲法解釈を変えたいとの意向があったとみられる。さらに、中央省庁人事ではないが、同年3月には、デフレ脱却に向けた金融政策への変更を図るため、金融緩和派の黒田東彦《はるひこ》アジア開発銀行総裁を日本銀行総裁に起用した。

14年5月末には、中央省庁の幹部候補600人の人事を官房長官のもとで一元管理する内閣人事局を設置した。内閣人事局が、閣僚が推薦した各省庁の公務員が幹部にふさわしいかを審査して幹部候補者名簿を作成し、首相や各大臣が協議して決定することになった。

14年7月の人事では、法務省初の女性局長として人権擁護局長に岡村和美・最高検検事（その後、消費者庁長官を経て最高裁判事）が充てられた。中央省庁の幹部らは、これらの省庁の幹部人事は、首相の意を汲んだ官房長官の菅がリードしたとみていた。

そういう省庁人事をめぐる方針転換はあっても、安倍政権は法務・検察の人事については、岡村の人事を含め法務省側の人事案を尊重し、覆すことはなかったとみられる。それだけに、16年9月の法務事務次官人事をめぐる官邸の「介入」は、人事案を起案した稲田はもちろん、当の事務次官候補だった林や、法務・検察の現首脳やOBらに大きな衝撃を与え、同時に微かな不安をかきたてた。

法務・検察の「林次官」人事案には、16年秋の時点で、次の次の検事総長候補は、黒川でなく林だと内外に周知する狙いもあった。官邸の「介入」でその目論見はあえなく頓挫した。逆に、政官界の多くの人びとは、林に先んじて事務次官に昇格した黒川を、「検事総長候補の最右翼」と受け止めることになった。

「安倍の色がついた」

稲田ら法務・検察首脳が、黒川を検事総長候補から外そうとした理由のひとつは、黒川が法務省官房長を長く務める間に「政治に近い」とのイメージが定着していたからだ。黒川の官房長在任は5年に及んだが、単に、在任期間が長かっただけではない。そのうち4年間は安倍政権だった。それゆえ、「安倍の色がついた」と周辺からみられていた。

先に紹介した元検事総長の但木敬一も黒川同様、官房長を4年余務め事務次官に昇格したが、当時は、橋本龍太郎、小渕恵三、森喜朗、小泉純一郎と、政権がころころ代わったため、特定の内閣の「色」がついた、とは受け止められなかった。そこが黒川と違った。

黒川が官房長を務めている5年の間に、政権与党議員が絡む政治資金疑惑が何度か取り沙汰されたが、検察はせいぜい秘書を摘発するだけで政治家本人の摘発には動かなかった。検察の「起訴基準」に従うと、訴追するだけの証拠や悪性がないと判断されたためだ。この検察の「起訴基準」については、別の章で詳しく述べるが、当時は、大阪地検特捜部の不祥事などで自白中心の捜査モデルが壊れ、検察が捜査全般に消極的になっていたことも背景にあったとみられる。

しかし、黒川は、野党やウエブメディアから、自公政権に不利な捜査を止める「黒幕」と非難された。検察の捜査実態を承知している稲田ら法務・検察首脳は、「黒川が恣意的に動いたことはない」としつつ、「政治と近いとのイメージを持たれただけでふさわしくない」と考えたのである。

ただ、それは表面的な理由であり、本当のところは、黒川を次の次の検事総長にすると、西川、稲田の検事総長在任期間の調整が難しいことにあったのは先に述べた通りだ。特に、稲田にとっては、黒川検事総長を実現させるとなると、自らの「総長在任期間」を確実に通常より短縮せざるを得なくなるという事情があった。

様々な受け止め

もっとも、このとき、黒川を事務次官に起用したこと自体については法務・検察部内の受け止めはさまざまだった。

「個人としては、『事務次官は黒川、検事総長は林』が一番おさまりがいいと思っていた。黒川には、苦労をかけた。それに報いたいという思いもある。官房長で5年も苦労させて、訳のわからない検事長で放り出すのは気の毒だし、他省庁の目もある。いく通りかの人事案があり、当初のアイデアが駄目になり、別の人事案になっただけ」

現職の検察首脳の一人は当時、こう語った。

官邸との折衝が不調に終わったことについては「稲田が自信を持ちすぎた。自分で官邸を納得させられると思っていた。これまで、すんなり通ってきたのは、黒川の根回しのおかげだったのに」と稲田をくさした。

従来、官邸への法務省人事の折衝は、黒川が行ってきた。このときは、黒川自身が異動対象になるため、稲田は、黒川にはタッチさせず、自ら動いた。稲田が官邸に出向いたとき、黒川は海外出張中だった。

検察首脳人事について法務・検察から事前に相談を受けてきた元検察首脳も「法務省の人事案をひっくり返されたのは衝撃だが、『押し戻せ』と言うべきものでもない。人事案にある誰かの就任を拒否するのではない。民主検察は、国民の代表（である政治家）が決めた人事に従うのが当然だ。実力、組織への貢献度からすれば、黒川の次官就任は順当といえなくもない。裁判所や弁護士会も含め穏当な人事と思っている」と冷静に受け止めた。

「ただ、これが検事総長の人事ということになると、話は変わる」

この元首脳に限らず、検察関係者にとって、検事総長は特別に重みのあるポストである。その理由は、後で述べるが、黒川の法務事務次官昇格について、検察首脳らは「1年で林に交代」との稲田の報告もあって、この時点では、それほど深刻に受け止めていなかった。林が1年後に次官に昇格すれば、西川―稲田―林とスムーズに検事総長をつなげると考えていたのだ。

「A案」と「B案」

実は、この2016年9月人事をめぐる官邸折衝の前に、法務・検察の首脳らは、西川、稲田の次の検事総長について、黒川、林のいずれにするか、そのためにどういうキャリアを積ませるかを検討していた。

当初の案では「黒川を法務事務次官、林を東京地検検事正」という構想もあった。東京地検検事正も、法務事務次官と並ぶ検事総長コースだ。歴代総長のうち、戦後検察のエースとしてGHQと折衝した馬場義続《よしつぐ》（1964年1月～67年11月）、ロッキード事件の捜査を検事総長として指揮した布施健（75年1月〜77年3月）、同じく東京高検検事長として同捜査を指揮した神谷尚男《ひさお》（77年3月〜79年4月）、現場派の大物といわれた江幡修三（83年12月〜85年12月）、ロッキード事件を東京地検特捜部副部長として摘発した吉永祐介（93年12月〜96年1月）らがこのコースで頂点に昇り詰めている。

ただ、首脳らの間では、「その方が、おさまりがいいが、後が大変だ」ということになり、「黒川を法務事務次官、林を東京地検検事正」の案は見送られたという。

あれこれ議論した末に、A、Bの2案に絞られた。

A案は、林を16年9月人事で刑事局長から法務事務次官に昇格させ、2年後の18年夏、稲田が東京高検検事長から検事総長になるときに、その後任に充て、20年7月、稲田が退任するのを受けて検事総長に昇格させる、というものだ。先の現職検察首脳がいっていた「当初のアイディア」がこれに当たる。

一方、B案は、黒川が16年9月人事で法務事務次官になり、西川、稲田の両検事総長が在任各1年半で19年夏までに退任。黒川が1年間、検事総長を務めて林につなぐというものだった。検察幹部によると、「検察首脳の一人が『黒川総長』を強く推したが、稲田が反対した」という。この案だと、稲田は検事総長の定年である65歳まで2年も残して勇退し、63歳という平検事の定年で退官ということになる。それは、検察組織としてバランスが悪いと考えたとみられる。

この2つの案を前提に、稲田が官房長官の菅に人事案を持ち込む前に官邸の感触をとり、どちらの案を出すか決める手はずだった。官邸筋によると、稲田に対応した官房副長官の杉田和博は

「林次官」を推すA案について、ネガティブな感触を与えていたとされる。すでに杉田は菅とともに、「黒川次官」起用に傾いていたとみられる。

しかし、法務省幹部によると、稲田はA案をもとにした「林次官、辻刑事局長、大場官房長」という人事構想を杉田に提示し好感触が得られた、と法務・検察首脳らに報告したとされる。ここで官邸筋と稲田ら法務省側の認識が食い違う。

A案に付随して出てくる「辻」は、大臣官房審議官の辻裕教（38期）のこと。「大場」というのは、津地検検事正だった大場亮太郎（38期）を指す。大場は大臣官房秘書課長、官房審議官を経験していた。

ともあれ、稲田は最終的に、A案による林次官の人事構想を官邸に示す人事案とすることで、法務・検察首脳の意見を集約した。官邸の意向はある程度、意識していたと思われるが、それより検事総長を2年間隔で安定的につなぐ方が検察の利益、ひいては国民の利益になる――そういう理屈で官邸を説得できると考えたとみられる。

そして、稲田は、菅に対する何の根回しもなく、正面から強行突破を図り、玉砕した形だった。大場は、「林次官」の構想が流れたあおりで結局、官房長にはならず、最高検総務部長、法務総合研究所長を経て20年仙台高検検事長になった。黒川の後任の官房長には辻が就任した。

第2節　菅の怒り

官邸の思惑

官房長官の菅や副長官の杉田ら官邸首脳は、黒川の危機管理、調整能力を高く評価していた。「黒川次官」にこだわったのは、長期にわたって政権を支えた「恩」に報いる「処遇」の意味もあったとみられるが、政権を安定的に維持するため、今後も黒川をこれまで同様に使いたいとの考えの方が大きかったと筆者は推測する。

安倍政権は、沖縄の辺野古移設訴訟、「国際公約」とされる共謀罪法案を抱え、従来にも増して野党や弁護士会などへの法務省のロビーイングを必要としていた。特に、共謀罪法案は野党や弁護士会などの強い反対でこれまでに3度廃案になっており、与党幹部は「共謀罪をやるためにここまで黒川氏を官房長として引っ張ってきた」とも周辺に話していた。

さらに、菅はそのころ、外国人労働者問題や水際危機管理などの「入管行政の転換」も気にかけていたとされ、入管行政に知見のある黒川を手元に置きたかったとの見方もある。

黒川が検事長になってしまうと、検察の独立の面から捜査、公判以外の仕事はできなくなる。法務事務次官ならば、官房長同様、各方面への根回しの仕事を期待できるとの思惑があったとみられる。

一方、法務省は、臨時国会での共謀罪法案提出に備え、刑事局長の林が中心となって、法案の対象となる組織の定義を暴力団やテロ組織などに限定し、さらに犯罪構成要件についても過去の審議で「争点」となった問題点をクリアするための手当てを、人事案作成時点で終えていた。法務省としては、仮に黒川が検察ゾーンに行っても、国会審議を乗り切って法案を通す準備はできていると考えていた訳だ。そうした点については当然、政権側も承知していたと思われる。

結局、共謀罪法案は、TPP法案などの成立を優先する政府の方針で2016年秋の臨時国会にかけるのを見送り、翌17年の通常国会での成立を図ることになった。

菅の法務省コネクション

霞が関官僚の間では恐れられる官房長官の菅は、実は、法務省内ではファンが多かった。特捜部や法務大臣官房経験が長い元検察幹部はいう。

「苦労人で、日の当たらない『縁の下の力持ち』の部署の面倒を見てくれる。有能な官僚の能力を見抜いて重用するだけでなく、自分でも汗をかく。凄い政治家だと思う。官邸主導人事で官僚を『都合良く』自由自在に使ってきたという見方は一面的で、疑問を持っている」

逆に、菅も、法律に強く、明晰を旨とする法務官僚が嫌いではなかったようだ。黒川に対してはもちろんだが、法務省外局の出入国在留管理庁の初代長官になった佐々木聖子《しょうこ》については、菅の方がファンだといってよい。

佐々木は東大文学部卒。公務員試験留年を経て1984年に上級公務員試験合格。「文化財保護の仕事をしたい」と文部科学省の門を叩いたが、「教育行政に関心のない人は要らない」と断られた。友人の勧めで法務省に目を向け、入管局に上級職の公務員として採用された。ただし、霞が関の他の官庁と違って、法務省では司法試験に合格して任官した検事がキャリア扱いされるため、一般の上級職の職員は肩身が狭い。

入省4年目の88年4月から90年3月まで休職して、シンガポールのシンクタンクで国際的な人流について研究。法務省では水際危機管理や外国人労働者問題のエキスパートとなった。

佐々木が菅と知り合ったのは、外国人の指紋採取と顔写真の撮影を義務付ける入管法改正（2006年）のころだ。自民党の治安対策特別委員会の水際対策強化チームのリーダーだった菅は、当時、法務省入管局総務課補佐の佐々木から法案について明快な説明を聞いて感心し、以来、国際人流に対する視野の広さ、視点の高さから佐々木に目をかけてきた。菅が外国人労働者問題で関係省庁の幹部を集めて意見交換する会でも佐々木は常連になった。

そうした菅の評価の高さも入管庁長官人事にプラスに働いたとみられるが、佐々木が19年4月に長官に就任して1カ月ほどたった頃、内閣情報官の北村滋が一部の政官界関係者に「佐々木が、中国がナーバスになっている辺境地域に女性2人で旅行し、中国政府にマークされている。弱みを摑まれると、入管行政を歪める恐れが出てくるのではないか」と告げて回ったことがあった。

その女性は佐々木の高校以来の親友だった。ともに独身で、休みのたびに2人で「辛うま料理」を求めて海外旅行をしてきた。結局、この疑惑は、菅の「佐々木のことはよく知っている。大丈夫だ」の一言で、雲散霧消した。

この話は、月刊「文藝春秋」19年10月号に筆者が寄稿した記事「令和の開拓者たち　佐々木聖子」の中で紹介した。

菅の稲田に対する怒り

その菅は、この法務事務次官人事の折衝に訪れた稲田に強い不快感を抱いたようだ。折衝の後、周辺関係者に「稲田ってどんな奴だ。あいつは勘違いしている」と吐き捨てるように言ったという。

官邸筋によると、稲田は、黒川の次官起用を求める菅に対し、自分は今回、仙台高検検事長に出るが、来年東京に戻り同時に林を次官にする、そして、自分が総長になったとき、林を東京高検検事長にするつもりだ、だから、黒川の法務事務次官は1年で必ず林に交代させたい、と念を押すような物言いをしたようだ。

菅はこれにカチンときた。菅が、黒川を法務事務次官にしたいと考えたのは、辺野古訴訟や共謀罪法案などの審議を控え、それが、国益にかかわる内閣の喫緊の課題と考えていたからだ。

「稲田は検察の都合だけで人事を考えており、国益のために人材をどう使うか、という発想がない、と菅は感じ、それに苛立った。第一、共謀罪法案が成立しないと、法案担当の刑事局長である林を異動させられるわけがないではないか。1年後に成立する保証はあるのか、と」

菅の怒りの理由を官邸筋はこう解説した。

黒川の次官起用について法務省側が「菅からのお願いベース」と受け取っていることについて

も、菅は腹を立てていたという。菅の立場からすれば、人事権は官邸にある。検事長以上の検事の任命は内閣の権限であり、法務省を含む各省庁の局長以上の人事は官邸が決めるのがルールだ。だから、お願いなどする必要はない。

「人事案をひっくり返すことに配慮して、顔を立てて丁寧な言い方をしたのを、稲田はそのまま受け取り、さらに部内への言い訳もあって、お願いされた、と報告したのではないか」と官邸筋は分析した。

一方、稲田には「検察人事に政治家は口出しをすべきでない」という信念があったとみられる。これは、法務・検察の従来からのオーソドックスな考え方だ。しかし、政治家相手に面と向かって言うのはおだやかではなく、大事になる。法務・検察のリーダーとして外に人脈を作り、永田町・霞が関の「折衝スタイル」を習得すべき時期に、内閣法制局という「無風空間」にいた稲田にはその呼吸がわからなかったのかもしれない。

霞が関の人事を握る官房長官の菅が、検事総長候補である稲田に「駄目」の烙印を押したのではないか、という情報は官邸内に広がり、法務省にも伝わった。これが、この後、稲田がかかわる人事に陰に陽に影響することになる。

第3節　深い溝

黒川、林の亀裂

黒川の法務事務次官人事を機に、黒川と林の間に亀裂が入った。国会対策や刑事政策、人事の相談で、刑事局長の林は毎日のように官房長室に顔を出し、黒川と打ち合わせをしていたが、黒川の事務次官起用が決まってから、ぴたりと顔を出さなくなった。

2人が一緒になる会合があっても、林はキャンセルした。その後、黒川が退官するまで2人が心から打ち解けて話をすることはなくなった。

林の気持ちを知っていた黒川は、自分が法務事務次官になったことを素直には喜べなかった。官房長を5年務めている間に、黒川ファンとも呼ぶべき分厚い人脈ができていた。政官界を回ると、行く先々で祝ってくれた。しかし、内心では困惑し、複雑な思いを抱いていた。

法務省の人事案では、官房長から地方の検事長に転出するはずだった。法務・検察部内では、認証官である検事長になるのは栄転だが、永田町や霞が関では、左遷と受け取る。事務次官が他の省庁では、事務方トップだからだ。

法務・検察は、検事の役所である。そこでは、認証官である検事総長がトップであり、認証官ではない法務事務次官は、東京、大阪などの高検検事長、次長検事の次ぐらいの「番付」なのだ。

「検事総長にのぼり詰めるための通過ポスト」と受け止める幹部も少なくない中で、黒川と林は、法務事務次官になることにともに強い意欲を見せた。

法務・検察を大きな会社に例えると、大株主は国民（その代表である法務大臣）。序列第1位の検事総長は、その会社の主力商品の製造部門（検察庁）を束ねる代表取締役会長兼社長。次長検事は、秘書として会長を支える代表権のある副社長。検事長は代表権のある副社長兼工場長。法務事務次官は、代表権はないが本社の実務を仕切る社長候補の専務、刑事局長はそのあとを追うエリート常務というところか。

事務次官は、この法務・検察という「会社」の経営・企画、管理、財務、総務からシンクタンク機能までを担う事務部門の事実上のトップである。

1990年代後半、戦後の繁栄を支えた護送船団型のシステム運営は崩壊し、法務・検察は、ポスト護送船団型のシステムに適応すべく、組織も、人事も、仕事の内容も変えていかねばならなかった。従来の検察庁重視路線だけでは、国民の広いニーズに応えられない。いわば、法務行政の多角化が求められていた。それができるのは、事務部門のトップである法務事務次官だった。

黒川と林は2000年代の司法制度改革、刑事手続き改革を通じ、その国民のニーズをひしひしと感じ、それぞれが、法務・検察の運営刷新を考えていた。目指す方向はほぼ同じだったが、他省庁との一層の人事交流などで多角化を目指す黒川に対し、林は検察重視の路線は維持しつつ、司法と福祉の境界領域に光を当て、法曹資格を持たない佐々木聖子のような上級職の官僚の活用拡大を考えていた。それぞれの夢を実現するには、法務事務次官になる必要があったのだ。それゆえ、2人とも、そのポストを切望していた。

黒川は16年9月12日、周辺関係者に語った。

「検事総長は、プリンス林がなればいい。俺は次官で辞めていいと思っている。林が総長になれるよう、精一杯努力する。検察としては自分たちの人事に口出しされない方がいいに決まっているが、本来、法律上、検察の人事は、政治家が決めるものだ。捜査、公判への介入は駄目、という大原則の延長で人事に口出しするのも駄目、ということでこれまで来たが、それが曲がり角に来ている。それが今回の人事だった」

林の「心境」

一方、林は、悶々としていた。人が変わったように、暗い表情を見せる時があった。

刑事局長に就任して2年半。心身ともに疲れていた。刑事局長は、法務大臣の補佐役として、法案の審議や特捜部が摘発した事件などについて法相に代わって国会答弁に立つことが多い。スポットライトを浴びるリングで戦うボクシング選手のようなものだ。重要法案を扱う国会の審議はテレビで中継されることも多く、常に緊張を強いられる。

黒川が5年務めた法務省官房長もロビーイングで飛び回る忙しいポストだが、水面下の折衝が主で、国会答弁などの表舞台に立つことは少ない。

法務事務次官は、原則、表舞台に立つことはない。林は、次官になってやっと緊張のリングから解放されると思っていた。ところが、法務・検察の人事案が覆ったことでもう一度、リングに上がれ、といわれた。あと1年務めると、刑事局長3年半。ロッキード事件のときの刑事局長だった元検事総長の安原美穂《よしほ》以来の長期勤務となる。あのときは、ロッキード事件に検察の組織を挙げて取り組んでいた。そのために人事を動かせない事情があった。

「15ラウンド、フルに戦って、さらに5ラウンドやれ、といわれた。まだやるのか」という気持ちだった。

林は、司法制度改革の実務の一端を担い、司法の独立の重要さをより強く認識していた。人事課長、最高検総務部長などとして、大阪、東京両地検の特捜部の不祥事や、それを受けて行われた検察改革も取り仕切っている。その過程で、小沢事件にからむ虚偽公文書作成などの容疑で告発された東京地検特捜部検事、田代政弘に対する検察の捜査が手ぬるいとして、民主党政権の小川敏夫法相が、指揮権を発動しようとし、野田佳彦首相がそれを阻止したことがあった。林はそれらの内情も承知していたとみられる。

それゆえ、稲田以上に、「法務・検察人事の政治からの独立」に敏感だった。法務・検察首脳らが「1年で黒川から林に交代するなら、全体の人事構想に影響はない」と鷹揚に構える中、林だけは危機感を募らせていた。

「1年前なら、黒川次官を1年、その次に林という選択はあった。２０１６年夏の時点でそれはなくなった。お願いだろうと、命令だろうと、結果は同じ。黒川次官を受け入れたことで、法務省人事への政治の介入を許した。そういうソフトな手口で来ることもあるな、と心配していた」

16年8月26日、林は周辺関係者にそう語った。林にとって、自身を16年夏の時点で法務事務次官にする人事は、法務・検察の総意だった。黒川は、稲田から「黒川を次官にしたい」との官邸の意向を伝えられたときに、受けるべきではなかった。それが、法務省幹部として採るべき道だった、と林は考えていた。

「今回の人事で、黒川はこれから法務・検察の中で力を失う。政治との癒着があるとは思わないが、政治が選んだ次官と皆が受け取る。官邸には、黒川の苦労に報いる、という思いもあるだろうが、真の狙いは『検察に対するグリップ』ではないか。1年後に自分が次官になれば、次の大きな異動、つまり検事総長の交代人事の折衝を、自分がやることになる。菅官房長官が、稲田を飛ばして黒川を西川の次にする、という介入をしてくる可能性はないのか。そのときは、検事総長人事への介入として大騒ぎになる」

林は本気でそう心配していた。そして、黒川と林の間には、深い溝が刻まれた。

検察独立の「結界」

検察は明治以来、政治とカネの不正を摘発する機関として国民の期待を担ってきた。その期待に応えるには、検察が検察権行使や人事で政治から独立していなければならない。これは自明の理だ。

しかし、検察の権限や責任などを定める検察庁法15条は「検事総長、次長検事及び各検事長は一級とし、その任免は、内閣が行い、天皇が、これを認証する」と規定している。制度上、検察幹部の人事権は内閣（政治家）の専権事項なのだ。検事正以下の検事ら検察職員、法務省職員の任命権は法務大臣が持つ。しかも、安倍政権になってからは法務省を含む各省庁の局長以上の人事は、内閣の閣議決定が必要となっている。

そうした中、「検察の政治からの独立」は、政治腐敗を許さない世論を頼みとしてかろうじて成立してきた歴史がある。戦後のどさくさの時期、検察が大事件を摘発すると概ね、世論は検察を支持した。

1954年の造船疑獄事件で、吉田茂内閣の犬養健法相は佐藤藤佐《とうすけ》検事総長に指揮権を発動し、収賄容疑のかかった与党・自由党幹事長の佐藤栄作（のちに首相）の逮捕にストップをかけた。捜査は勢いを失い、佐藤を収賄容疑で起訴することはできなかった。国民はこれに猛反発。犬養は指揮権発動直後に辞任した。首相の吉田は世論の支持を失い、同年末、解散もできず政治の表舞台から退場した。

以来、世論を背景に野党やマスコミは政治の側が捜査や公判に介入しないよう厳しく監視し、法務・検察人事についても、政権側が口出ししにくい雰囲気を作ってきた。

それでも60年代までの検察は、戦前からの公安検察と経済検察（特捜検察）の内部対立を引きずっており、それに乗じて政界が検察幹部の人事に介入しようとしたこともあったといわれる。

今にいたる政治と検察の緊張関係を決定づけたのは、政界最大の実力者だった元首相の田中角栄を逮捕した76年のロッキード事件だった。17年近くに及ぶ公判闘争で田中は一貫して無罪を主張。検察に圧力をかけるため、検察の捜査、公判にかかわる指揮権を持ち、検察人事を握る法相に親田中派の国会議員を次々と送り込んだ。

マスコミは、法相が検事総長に対し、論告求刑の放棄や公訴取り消しなどを命ずるため指揮権を発動するのではないか、と危惧し、機会あるごとに法相に「指揮権行使の意思」を問い、行使しないよう厳しく牽制してきた。

序章でも記したように、法務省はこうした世論を背景に、法務・検察幹部の人事で波風が立たないよう周到な根回しをし、時の政権は概ね、法務・検察の人事には口を出さず謙抑的な姿勢を貫いてきた。16年9月の人事で、そのバランスがついに壊れた形だった。

ミスマッチの背景

2016年夏の異例の人事劇は、表面的には、法務・検察側の人事構想と官邸の官僚起用の思惑のミスマッチが生んだものだった。ただ、その背後ではより深刻な変化が進んでいた。

大阪、東京両地検の特捜部の不祥事以来、検察は、批判に敏感になり、特に政官財のからむ構造的な腐敗の摘発には慎重になっていた。国民にとって「政治を監視する検察」のイメージは薄くなっていたのである。

政治の検察人事に対する従来の謙抑的態度は、検察の背後にいる主権者である国民、すなわち「政治監視」を検察に付託した国民の目を恐れてのものだった。

小島慎司・東京大学大学院教授（当時、准教授）は16年9月14日付朝日新聞の「オピニオン&フォーラム」で、「残念なことですが、日本の議院内閣制が次第に、政府や議会にあたかも主権者のように振る舞わせる方向に進んでいます。……首相の権力が強くなり……専門性ゆえに内閣でも容易に従わせることができなかった日本銀行や内閣法制局の人事への政治介入も進みました」「主権者でないはずの政府が主権者のように振る舞いがちになった」と述べた。

法務事務次官人事に対する政権側の口出しも、同じ文脈で行われたとみることができた。検察による政界事件摘発が遠ざかり、国民の検察に対する期待が小さくなっていく中で、国政選挙の連勝もあって、政権は、次第に増長し、「謙抑のたが」を意識しなくなったともいえた。

一方、法務・検察は、黒川を法務事務次官にしたことで、検事総長人事で困難を抱えることになった。16年のこの次官人事の後も法務・検察首脳は引き続き、林を次の次の検事総長の本命と決めていた。

検事総長コースである法務事務次官に就いた黒川の処遇をどうするのか。検事総長など検察首脳に関する人事案の策定は、法務事務次官の仕事だ。「当事者」でもある黒川が、自身や林の人事をどう構想するのか。それを政治の側がどう扱うのか。ドラマは続く。

第3章　17年夏の陣
——黒川続投

「共謀罪」法案審議での金田法相（2017年5月）共同通信社

第1節 「空手形」の衝撃

「約束」破り

２０１７年夏の人事で、またも法務・検察は衝撃を受ける。官邸が、法務事務次官の黒川を刑事局長の林に交代させる人事案を承知せず、黒川の続投を求めたからだ。

前章で明らかにしたように、16年夏、刑事局長の林を法務事務次官に起用するとの法務省の人事案は官邸の注文で変更され、官房長の黒川を次官に充て、林は刑事局長に留任することになった。その際、官邸側は、当時次官だった仙台高検検事長の稲田に対し、「黒川の次官は1年だけ。次は林で」と「約束」したと法務・検察部内では受け止めていた。法務・検察首脳らはそれが必ず守られると信じ込んでいたのだ。

法務省が17年夏に策定した人事案は、検察ナンバー2の東京高検検事長の田内正宏（62歳、司法修習31期）が駐ノルウェー日本大使含みで退官し、その後任に仙台高検検事長の稲田を充て、法務事務次官の黒川がその後任検事長となり、刑事局長の林を法務事務次官に昇格させる、というものだった。

法務・検察としては、懸案の法務事務次官の交代に加え、前章で紹介した法務・検察の検事総長人事のA案、つまり、17年夏に稲田を検事総長の事実上の待機ポストの東京高検検事長に据え、翌18年夏に西川克行から稲田に検事総長を引き継ぎ、20年夏、稲田から林へと検事総長の椅子をつなぐ人事を、確実にする狙いもあった。

17年7月中旬、法務・検察の意を体した法務事務次官の黒川が、官邸側に対しこの人事案を提示したところ、官房長官の菅らは、黒川の留任を強く求めた。これを受け、検事総長の西川ら法務・検察首脳が協議し、黒川と林の人事を凍結することを決めた。

法務省は一時、林を稲田の後任の仙台高検検事長に転出させる人事案も検討したが、林はこれを断ったとみられる。結局、黒川、林の1期下で東京地検検事正の堺徹（59歳、36期）を仙台高検検事長に充て、堺の後任には、最高検刑事部長の甲斐行夫（57歳、36期）を充てることで法務省は官邸の了承を得た。そして、9月7日付で田内を退官させ、稲田を仙台から東京に、その後任に堺を、堺の後任に甲斐を充てる人事を発表した。

法務・検察の人事計画は狂い始めた。それを修正して計画通りに人事を運ぶため、次官の黒川は、官房長官の菅とさらに折衝し、4カ月後の18年1月の異動で、黒川を地方の検事長に転出させ、林を後任の次官とすることで話をつけた。しかし、17年夏前から、首相の安倍にかかわる「モリカケ」（森友・加計学園）問題や、東京都議選での自民党の大敗などで政局は大きく動き始めており、官邸側がその「約束」を守るかどうかは不透明だった。

法務・検察首脳の衝撃と落胆

1年越しの約束を反故にした「官邸の裏切り」に法務・検察首脳らは大きな衝撃を受け、また、落胆もした。

「これでは現場が納得しない。一番損をするのは黒川。黒川のためにならない人事だった。昨年の人事は、ある意味、想定内の話。官房長として法案や予算で苦労させた黒川を次官として処遇するのは合理的な理由があった。今回は、理解できない」

官邸の「約束」を信じていた元検察首脳は8月1日、こう絞り出すと、沈黙し、ため息をついた。この元首脳は「黒川ファン」の一人でもある。

安倍政権にとって、前年に上程を見送った、犯罪を計画段階で処罰する「共謀罪」の構成要件を改め、「テロ等準備罪」を新設する組織犯罪処罰法改正案（共謀罪法案）を成立させるのが、2017年の通常国会の最大の課題だった。官邸は、法案を策定した法務省には国会審議を通じ野党を説得する役回りを期待した。政権側からは、黒川の次官起用もこの法案成立に向けた野党ロビーイングのため、との説明もなされていた。

法案は4月に審議入り。元大蔵官僚の金田勝年法相は不安定な答弁が目立ち、法案に反対する野党の追及に立ち往生する場面もあったが、黒川は、審議が止まらないよう与野党の調整に奔走。金田の補足答弁に立った刑事局長の林がそつなく法案趣旨を説明し、審議は進んだ。6月15日、与野党の徹夜の攻防の末、自民、公明両党が委員会採決を省略し「中間報告」で、いきなり参院本会議での採決に持ち込む奇策をとり、法案は賛成多数で成立した。

「林は、政府の懸案だった共謀罪法案を頑張って通し、外務、法務行政に貢献した。政府の評価も高かった。だから、次は林次官になる、とみな考えていた。法務行政上、どうしても黒川次官を続投させなければいけない懸案はしばらくない。内閣が黒川を『危機管理』アドバイザーとして手元に置くため留任させたのだとしたら、それは法務事務次官の仕事ではない」

元検察首脳は首を傾げた。

もっともな受け止めだった。ただ、官邸は、共謀罪法案成立は、林による「金田リカバリー」の法案説明よりも、黒川の野党に対する「舞台裏の調整」のおかげと見ていたフシがある。

今井秘書官への対抗策？

前年の黒川次官誕生の際に「検事総長の人事ということになると、話は変わる」と話した元検察首脳は8月1日、以下のように語った。この元首脳は、政官界に太いパイプを持つことで知られる。

「おそらく、官邸は、（2017年秋の）臨時国会対策が大変なので、黒川を手元に置いたのだろう。内閣は、今、経産省の今井が仕切ろうとしている。対抗する菅の知恵袋は黒川しかいない。ただ、これで、黒川はつらい立場になった。法務・検察で居場所がなくなった。官邸は、検察という役所のメンタリティを理解していない。黒川に対する論功行賞で検事総長に、と考えるだろうが、逆に、検察現場や法務省は反発する」

「今井」は、経産省出身の政務秘書官、今井尚哉《たかや》だ。06年の第1次安倍政権、12年の第2次安倍政権で首相秘書官を務め、「経産省内閣」とも揶揄される安倍内閣を象徴する官邸官僚だった。同様に第1次政権で安倍の秘書官を務めた内閣情報官の北村滋と並び、当時、安倍の最側近といわれていた。今井は19年9月から首相補佐官も兼務し、安倍が首相を辞職するまで内政・外政で安倍のアドバイザーとなった。北村も同月から国家安全保障局長になった。

今井のその後の官邸での影響力拡大と、官房長官の菅との対立の深まりをみると、「今井への対抗で黒川を知恵袋に」という見方はまんざら見当外れでもなかった。菅が、ことあるごとに、いろいろなテーマで黒川に相談していることは、知る人ぞ知る、だった。

黒川は裁判所、弁護士会はもちろん、野党の政治家から官界、財界、マスコミまで幅広い人脈を持ち、豊富な法律知識を駆使した「危機管理」で、官邸や各省庁から頼りにされていた。様々な政策の策定や国会審議の舞台裏での政党間の「貸し借り」にも通じていた。菅にとっては手放せない「知恵袋」であり「危機管理アドバイザー」であることは間違いなかった。

第2節　稲田外しの怪情報

「稲田は東京に戻さない」

法務事務次官の黒川と刑事局長の林の人事凍結が原因とみられるドタバタもあった。

稲田らの認証官人事は8月1日の閣議で決定され、即日公表されたが、その発表文には「発令日は後日決定」の注意書きがついた。天皇の認証が必要な検事長以上の人事は、認証の日程が決まってから閣議決定するのが普通だ。1週間後の8月8日になってやっと、発令日を9月7日付とすると発表されたが、発令日が決まる前の閣議決定は異例だった。

発端は、官邸側が法務省に黒川の次官留任を求めた7月中旬、法務・検察が次期検事総長に予定している仙台高検検事長の稲田を、9月人事で東京高検検事長にはしない、とする策動が官邸で起きている、との情報が霞が関に流れたことだった。

安倍側近の内閣情報官、北村滋が「稲田は東京に戻さない」などと関係先に話し、稲田を東京以外の地方の高検検事長へ異動させようと画策している、という内容だった。

東京高検検事長は検事総長候補にとって最後のステップになるポストだ。1950年代には最高検次長検事から直接、検事総長に起用された例もあったが、64年に検事総長に就任した馬場義続以降は、ずっと東京高検検事長から検事総長に昇格してきた。東京高検検事長を経ずに検事総長に就任した例は過去56年間はない。

稲田はこの2017年9月人事で東京高検検事長にならないと、検事総長コースから外れる恐れがあった。検事長は認証官であるため、任命には天皇の認証式が必要だ。しかし、この年の認証式の日程調整は、官邸が政局対応で余裕がないうえ夏休みを挟んだために滞り、検察人事の閣議決定も遅れていた。

菅が、前年の稲田との人事折衝後、稲田を嫌っていることは、官邸周辺では周知の事実だった。加えて北村は当時、杉田の後の官房副長官候補の一人と目されていた。政権中枢の要人の「言動」というところが、情報に一定の信憑性をもたせた。稲田が検事総長にならないとすると、西川の次の検事総長は、キャリアや年齢からいって、黒川ということになる。

黒川の策動を疑う

法務省幹部によると、官邸筋から情報をキャッチした林の周辺は、その「稲田外しの策動」に黒川が一枚嚙んでいるのではないか、と疑ったようだ。「策動している」とされた北村は、黒川と親密だったからだ。

一方、北村は、林とも親しい関係だったとされる。林は1991年4月から3年間、北村も92年2月から3年間、在仏日本大使館で一等書記官として勤務。2年間、席を並べた仲だった。仮に、「策動情報」が事実だとすると、北村は、法務省の検事総長人事構想をどこまで知っていたのか、林と人事についての話をしたのかしなかったのか、も気になるところだ。

前章でも触れたように、２０１６年夏、当時の検事総長の大野恒太郎、法務事務次官の稲田らが合意した人事構想「A案」は、西川→稲田→林の順で検事総長の椅子を約2年おきに継承していくというものだった。情報が事実なら、それが覆る恐れがあった。

稲田らがボツにした「B案」――西川、稲田の両検事総長が在任各1年半で19年夏までに退任。黒川が1年間、検事総長を務めて林につなぐ――が想起された。稲田を飛ばせば、西川―黒川―林の継承はよりスムーズになる。そして、法務事務次官は、人事案を起案する役回りである。

それゆえ、黒川が検事総長になりたいために官邸側と意を通じ、A案に沿って稲田を東京高検検事長にする人事案を起案するであろう林を法務事務次官に就けず、黒川自らが次官として稲田排除の人事案を起案しようと企んでいるのではないか、との憶測が生まれたとみられる。

B案では、稲田を飛ばして西川の次に黒川を充てても、林が検事総長に就くことに変わりはない。しかし、それは、法務・検察が独自に選んだ検事総長としてではなく、官邸によって作られた人事構想のもとで検事総長になるということだ。国民は、そういうトップが率いる検察を信用しないのではないか。それは国民に対する裏切りだ。何としても、法務・検察が独自に決めた人事を守らねばならない――林周辺はそう考えた可能性がある。

林の説得工作

黒川は、林に「官邸の意向を受けて部内で協議した結果、次官、刑事局長の異動を凍結する」と伝えた後、1週間夏休みをとった。「稲田外し」の情報はその間に流れたようだ。法務省幹部によると、黒川が不在の間、林は検事総長の西川を毎日のように訪問し、人事課長の伊藤栄二を刑事局長室に呼んで話し込んでいたという。稲田の東京高検検事長人事発令を急ぐよう促していたとみられる。

休みを終えて出勤した黒川は、西川らからその話を聞き、法相の金田勝年を通じ、先に触れた異例の発令日なしの閣議決定を官邸に求めた。

情報の信憑性はさておき、内閣情報官の北村が稲田に好感情を抱いていないことを、黒川は認識していたとみられる。取り沙汰されていたように、北村が杉田の後任の官房副長官に就任することになれば、副長官の権限を行使して稲田の検事総長を認めない恐れもなくはない。黒川ら法務省は、そうなっては一大事と心配した。異例の閣議決定要請には、「機先」を制して稲田を東京に呼び戻す意味もあった。

8月1日、稲田を東京高検検事長に任命する閣議決定。これで、稲田が18年夏に勇退する西川の次の検事総長になることは確実となった。

北村が本当に「稲田を飛ばす」と発言したのか、それは官邸の意思だったのか、など「策動情報」の事実関係は明らかにならないまま騒動は一件落着した。しかし、法務・検察幹部が、不確実な情報に基づいて検察首脳人事をめぐり右往左往するのはやはり異常だった。一連の騒動は政治と検察の危うい関係をクローズアップさせた形だった。

林は8月4日、周辺関係者に「黒川が次官をやっている間に、東京にいい加減な奴を持ってこられたら終わりだった。東京高検検事長に稲田を持ってくる人事が出た。これで、稲田が検事総長になることについては固まった。官邸に介入される心配はなくなった」と語った。

「いい加減な奴を持ってくる」とは、検事総長候補でない退官間際の検事を、東京高検検事長に据えることで、稲田が東京高検検事長になるタイミングを消すことを指す。検事長の人事を起案するのは法務事務次官である。ことばの端々に、黒川に対する不信が滲んでいた。

ただ、林が17年9月に次官に昇格せず、最低18年1月まで刑事局長に留め置かれたことで、法務・検察がA案で予定していた「稲田の次」の検事総長人事、つまり、林を17年夏に法務事務次官、18年夏に稲田の後の東京高検検事長に充てる人事は流動的となった。独自の人事計画を守りたい法務・検察と官邸の間の緊張は高まった。

警察庁長官人事とも連動する動き

そのころ、官邸では、検事総長人事だけでなく、警察庁長官の人事も焦点になっていた。警察庁次長の栗生俊一が最有力とみられていたが、反対する勢力もあり、水面下での綱引きが始まっていた。栗生が海外で豪遊しているなどの怪情報も永田町に流れ始めていた。

法務省と警察庁は、刑事政策や事件の処理を通じて業務上の交流がある。林は1学年下の栗生と若いころからウマが合った。林が法務省矯正局総務課長として指揮をとった２００５年の監獄法改正でも、栗生は警察庁側の裏方として協力したとされる。その後も「同志」の関係は続き、13年に仙台地検検事正になった林を、警察庁総括審議官の栗生が訪ねて懇談するなど絆を深めていた。

米田壮《つよし》警察庁長官は栗生を高く評価し、14年1月、林が法務省刑事局長に就任するのに合わせ、栗生を警察庁刑事局長に抜擢。林、栗生の刑事局長コンビで国の刑事政策を牽引させた。栗生は15年1月、警察庁で刑事局長より格上とされる官房長、16年8月から警察庁次長と順調に出世の階段を昇ってきたが、後ろ楯の米田が15年1月に長官を退官後、反栗生派が巻き返し、栗生を警視総監にするとの動きもあったとされる。かつて警視総監は警察庁長官と同格とされたが、最近では、官房長より格下の警察キャリアが起用される人事が目立っている。

一方で、林とその栗生との「友情」を危惧する声もあった。警察キャリア同士でありながら、内閣情報官の北村は栗生と仲が悪かったとされる。「もし北村が官房副長官になると、絶対に栗生を警察庁長官にしない。菅の子分の警察庁からの出向幹部も栗生を買っていない。その栗生と林は一体だとみられている。それが林の人事に影を落としかねない」(官邸筋)との見方があったのだ。

林自身、栗生と北村の関係性を知っていたと思われる。栗生は18年1月、無事に警察庁長官に就任したが、この栗生との関係によって、次の次官人事で林は足をすくわれることになる。

黒川の葛藤

時計の針を戻し、「16年夏の陣」から「17年夏の陣」に至る経緯を振り返っておく。

2016年9月に法務事務次官に就任した黒川は、前任の稲田が菅と交わしたとされる「1年で黒川から林への次官交代」の約束を信じていなかったとみられる。法務省官房長を5年務め、政治権力の非情さを間近で見てきた黒川は、政治家の言葉の「軽さ」を熟知していた。

政治家は、何か、重大な政治問題が起きると、それへの対応を優先し、官僚の人事の約束ごとなど簡単に忘れてしまうものだからだ。

そうではあっても、黒川も法務・検察組織の一員。法務省事務方の人事責任者として、法務・検察が決定した「17年夏、林法務事務次官」人事を実現しなければならなかった。そのため翌17年2月中旬ごろから官邸の感触を探ってきた。

官房副長官の杉田は、共謀罪法案が通過し、辺野古関係の訴訟も順調であれば、夏に林を次官にする心づもりだったとみられる。一応、官邸と法務省の約束を守ろうと考えているようだと黒川らは受け止めていた。

しかし、菅は違った。黒川を続けて法務事務次官で使いたいと思っていた。菅にとって人事はその時々の情勢に応じて「ベストの布陣」を敷くべきものであり、それが稲田との「約束」などより優先すると考えていたとみられる。

17年3月下旬になると、「黒川の功績を評価した官邸が、黒川を検事総長にしたいと言い出している」との情報が、先の元検察首脳の耳に入った。まもなく、それを牽制するかのように、黒川が検事総長になると、官邸と近すぎるので検察は今以上に政界事件の摘発ができなくなる、とする雑誌記事が出始めた。

「黒川は、仮に、官邸からそういう申し出（検事総長への就任要請）があっても、断るだろう。あれだけの人材。思い切って官邸で使ってくれないかな。その方が国のためになる」と元首脳は話した。「官邸で使う」とは、法務官僚としてではなく官房副長官や内閣官房副長官補など官邸官僚として内閣で働くことをいう。

黒川は、この種のゴシップ記事には慣れっこになっていたが、このころから、周辺関係者に「因循姑息な検察の枠に縛られるより、外の世界で、と思うようになった。検察は、検察をよく知っている林にやってもらうのでいいじゃないか」と語るようになった。

黒川には検事総長になりたい、という野心はうかがえなかった。むしろ、法務・検察という権力組織への絶望感に近い思いもよぎり始めているようだった。

黒川と林の相互不信の拡大

その原因のひとつは、林との軋轢だった。第1章で紹介したように、黒川、林が属する司法修習35期組は、多士済々で人間関係も複雑だったが、検察関係者によると、黒川は、林を司法制度改革や不祥事による検察のピンチを二人三脚で乗り越えてきた同志と見ていた。林の行政センスと構想力には一目も二目も置いてきた。人と深くつきあう姿勢については尊敬に近い思いをもっていた。

その林と、黒川は2016年夏の法務事務次官人事以来、業務を除いてまともに会話したことがなかった。林の方が黒川を避けていた。それが黒川にとっては苦痛だった。以前のように、ちゃんとコミュニケーションをとっていれば、官邸筋の「策動情報」に振り回されることはなく、稲田の東京高検検事長の人事を「発令日は後日決定」とするドタバタ劇が起きることもなかった。

菅の「本音」が黒川の次官留任であることをいずれ、林に伝えなければならないが、林の反応を想像すると黒川は気が重かった。明らかに、林は以前より短気になっていた。

法務省幹部によると、黒川が共謀罪法案の連絡調整のため、目をかけている優秀な検事を刑事局から官房に異動させると、林は「検察の問題をやらせるために必要な人材なのに」と怒り、「共謀罪法案は、黒川のための法案だ」と皮肉った、という話が黒川の耳にも届いた。

林の発言が事実なら、官邸が、黒川を次官にするために用意した法案、というふうにも聞こえる。しかし、それはさすがに邪推だ。たかが法務事務次官人事のために、国際関係にもかかわる法案を政権が策定するはずがない。

軋轢はほかにもあった。黒川は、法務・検察の人材有効活用のため、検事や事務官の在外大使館への出向拡大をもくろみ、刑事局にあった国際課をその事務局として大臣官房に移すことにした。林は一度、了解したが、「刑事局内や検察庁が納得しない」と急に反対に回った。黒川は「予算要求の時期が来ているのに今更何を、と愕然とした」と周辺に愚痴をこぼした。

黒川と林との確執は、法務省内では半ば公然のものとなりつつあった。

気が紛れた共謀罪法案

一方の林。人事をめぐって鬱々とする中、気が進まない共謀罪法案ではあったが、いざ２０１７年４月に、国会審議が始まると、答弁対応で、夜中まで部下と打ち合わせをすることで気が紛れたようだ。法相の金田をカバーする答弁に立って法案を説明しているうちに、野党を説得し、法案を通すその作業自体がおもしろくなってきた。

官邸も、このころは林の仕事ぶりに満足していたようだ。官房副長官の杉田は、以前から、林を買っていた。国会での法相答弁のリカバリーについて、満面の笑みでよくやった、と林を褒めた。林の方も、褒められると、悪い気はしない。やる気が出る。失敗できないな、という意識が生まれたとみられる。林は明るくなった。

「そういうの（褒められて期待に応えようとすること）をずっと排除してやってきたが、自分にもそういう部分はあるのだな、と思った」と林は6月16日、周辺関係者に語った。

法案は6月15日に成立した。刑事局長としての林の役目は終わった。あとは、菅が稲田に約束した「1年後の交代」に向け、官邸との折衝を待つばかりになった。杉田の愛想のよさもあってか、林は、官邸が、1年前の稲田と菅の約束を反故にするとは考えていなかったとみられる。

役人の人事は、「枠」が決まると、その中で行われる。林にとって1年前の法務事務次官人事は不満ではあったが、従来の枠の内側の話であり、「それも選択肢のひとつ」だった。林は、官邸と稲田の間で1年後の新たな枠を決めた以上、それを壊すのは簡単ではない、と考えていた。

「多数の役人が官邸はどうするのかを見ているし、マスコミのウオッチャーもいる。稲田と結んだ『約束』を破ると、今回は明確な『人事介入』となる。『介入』と書かれた時のリスクを官邸は考えるはずだ」とみて楽観視していたのだ。

しかし、黒川は、それが法務事務次官の役目であるにもかかわらず、なかなか、官邸に人事の折衝に行かなかった。いいや、行けなかったと言った方がいい。

「モリカケ」問題

学校法人の森友学園（大阪市）と加計学園（岡山市）に首相の安倍がからむ疑惑が官邸の頭痛の種になっていた。いわゆる「モリカケ」問題である。

まず、森友学園。2017年2月、国交省大阪航空局が管理する大阪府豊中市の国有地について、財務省近畿財務局が、当初の鑑定価格9億5300万円から8億2000万円も値引きして森友学園に払い下げていたことが朝日新聞の報道で発覚した。

学園の理事長だった籠池《かごいけ》泰典の民族主義的教育方針に共鳴した首相夫人の安倍昭恵が、学園が建設予定だった小学校の名誉校長を当時務めていた。異例の値引きは、国有地を売却した財務省側が首相に忖度した結果ではないか、と野党やマスコミは追及した。

17年2月17日、安倍は国会で、自身や妻がこの認可あるいは国有地払い下げに、事務所も含めて一切かかわっていないと主張。「もしかかわっていたのであれば、これはもう私は総理大臣をやめる」と明言した。一方、財務省理財局長だった佐川宣寿《のぶひさ》（その後、国税庁長官で辞職）は国会で「（森友側との）交渉記録はございませんでした」などと答弁し、多くの国民を驚かせた。

土地の払い下げを受けた森友学園側が、小学校建設費や系列の幼稚園運営費をめぐり国や大阪府から補助金を騙し取った疑いも浮上。大阪地検は、大阪府の告訴を受け7月末、籠池夫妻を逮捕し、学園の小学校建設に対する国や大阪府、市の補助金計1億7600万円を騙し取ったなどとして、詐欺などの罪で起訴した。だが、むしろ国民の関心は、国有地払い下げという疑惑の本丸に対する検察の捜査の方に集まった。

一方、加計学園問題は、第2次安倍政権の目玉政策である国家戦略特区による獣医学部新設計画の事業者に、安倍の40年来の友人である加計孝太郎が理事長を務める加計学園が選ばれた経緯が不透明で、不当な便宜供与があったのではないか、というものだった。

17年5月17日。文部科学省が同学園の選定をめぐり、国家戦略特区を担当する内閣府から「官邸の最高レベルが言っている」「総理のご意向だと聞いている」などといわれたとする記録を文書にしていたことを朝日新聞が特報し、選定の公正さに疑問符をつけた。菅は、定例記者会見で、この件について一部の記者から毎回のように質問されたが、つっけんどんな対応を繰り返した。

安倍個人がからむこのスキャンダルを野党は、連日取り上げた。安倍が「バカバカしくて首相なんかやってられない」と苛立っているとの話も流れていた。

法務事務次官や検事長の異動の発令日を7月にするには、6月初めから官邸と「下相談」、つまり人事案を作成する前の予備折衝をする必要があった。そのようなピリピリした雰囲気のときに、菅の意に沿わないと想定される人事の相談に行っても、説得するのは難しいと黒川は判断したとみられる。共謀罪法案が通らないと、担当の刑事局長である林を動かせない事情もあった。

黒川と官邸との下相談は7月にずれ込んだ。それによって、次官人事の時期は、1年前に「約束」した7月から2カ月遅れの9月になる見通しとなった。

官邸は黒川続投希望

そして7月下旬。黒川は、官邸に林の法務事務次官への昇格人事を打診した。やはり官邸は黒川を次官に留めたいとの意向だった。1年前の稲田との「約束」を、官房長官の菅らは歯牙にもかけなかった。官邸関係者によると、菅は、林次官を望んでいるのは刑事局だけで、それ以外の法務省の各部局は黒川支持だと受け止めていた。

それは大きく外れてはいなかった。黒川が法務事務次官になってから、法務省が希望する予算や人事配置はスムーズに通るようになった。政権与党に対する黒川の「トップセールス」の成果だった。先の「稲田排除」騒動の発信源になったとされる内閣情報官の北村滋は、独自の情報ネットワークを通じ法務省内の情報を収集し、逐一、菅に報告していたとみられる。

問題は、菅らの林に対する評価が低いとの話が、しきりと官邸筋から法務省側に伝わってくることだった。

官邸筋が法務省側に伝えたところによると、林は、政治家に対しては基本的に冷淡だと受け止められていた。政策論はきちんと語るが、打ち解けないと思われていた。共謀罪法案での金田法相リカバリーも、菅らはさほど評価していなかった。しかも、林は、菅らが嫌う稲田を担ぎ、北村と関係が悪いとされる栗生とはワンセットと見られていた。

モリカケ疑惑が深まる中、6月23日東京都議選告示。7月2日投開票の選挙で自民党は惨敗し、内閣改造は8月4日に早まった。

黒川は、西川らに官邸の反応を報告。協議の結果、黒川の事務次官続投を決めた。菅、杉田はこの後の林の次官起用については、否定的だったとされるが、黒川は折り合いをつけ、2018年1月、黒川が地方の検事長に転出し、その後に林を昇格させることで一応、話をつけた。

林の怒りと疑心暗鬼

林のショックは大きかった。官邸の「変心」に愕然とし、怒りの矛先は黒川に向かった。そして、疑心暗鬼が膨らんだ。それが、先に触れた「稲田排除」情報を聞いて法務・検察幹部へ人事発令を急がせるような行動につながったとみられる。

稲田の東京高検検事長任命の閣議決定のあとの8月4日、林は周辺関係者に思いを語った。

「黒川から（次官人事凍結について）形式的に話はあったが、官邸との折衝結果しか聞いていない。官邸とどんな話をしたか、黒川しか知らない。まあ、私にも官邸にパイプがあるので、だいたいは聞いている。誰が決めたか、も」

「去年の官邸との話では、今年の7月に私が次官になるはずだったのが、9月になり、次いで（2018年）1月に、となった。来年の異動で、西川は稲田を（検事総長に）指名することになっている。検事長以上は、本人が望まない限り、首は切れない。稲田の次は私。稲田は、私を指名することになっている」

しかし、それは、あくまでも16年夏に法務・検察部内で決めた人事構想。官邸がそれを尊重しているようには見えない。「18年1月人事で官邸がさらに黒川の続投を求めることもあるのではないか」そういう周辺関係者の指摘に対し、林は、

「そのときは、誰か（2人のうち1人）が辞めることになるだろう」と答えた。

そうなれば、林はそこで尻をまくる覚悟だったとみられる。

「（今回の人事凍結は）官邸による人事介入だ。去年は、私の人事だけが影響を受けたが、法務省

の人事計画が狂った。今回は、私だけでなく、検事長人事が狂った。堺を早く出すことになった。（検事）総長人事が変わるのは阻止した。今の官邸にそういう玉はいないと思うが、検察人事のメカニズムをよく知っているやつが、数年かけて仕掛けてきていたら、抵抗のしようがない」

林の官邸への不信は深かった。そして、その政権の「介入」に備え、組織防御に万全を尽くさなかった先輩に対しても辛辣だった。

「MOF（財務省）がやられた。（昭和）54年入省のキャリアは同期で次官を3人回した。2人までは、いいかな、と思っていたら、田中一穂まで。50年、52年の次官らが決めておかなかったため、官邸につけこまれた。検察は、黒川と林がいて、（どちらを検事総長にするか早く）決めなかった。法務・検察首脳の責任だ。昔は、早くから総長候補を絞り込んで一本杉といわれた。人事介入は昔からある。早くから候補を絞るのは、政治の介入を許さないための知恵だった」

安倍は、昭和54年（1979年）財務省入省同期の木下康史、香川俊介、田中一穂の3人を1年刻みで財務事務次官に登用した。田中は、第1次安倍内閣の時の首相秘書官グループの一人だった。林の怒りは黒川にも向かった。周辺関係者に対し次のように語った。

「去年だって黒川が官邸の申し出を断っていれば、スムーズに人事は運んだ。今回も、法務省案が通らなければ辞任すればよかった。黒川とは、一度も一緒に仕事をしていない。棲み分けでやってきて、うまく回った。しかし、検察現場で黒川を支持する者はいない。総スカンだ」

黒川に対する不信感は覆いようもなかった。

林自身は、法律家、行政マンとしては明晰で厳しい判断をするが、本来は奥の深い人格者だ。

罪を犯した同僚に対しても全否定はしない。97年の第一勧銀事件の捜査で席を並べた元大阪地検特捜部長の大坪弘道が2010年、証拠改竄事件に連座して逮捕されたときも、林は拘置所に仏教書を差し入れたことは先に触れた。林の黒川に対する容赦ない言葉は、法務・検察組織で何か重要なものが壊れ始めているのを示しているかのようだった。

黒川の本音

黒川と林は、法務事務次官の役割、政治からの検察の独立の問題についての認識が根本的に違っているようだった。

林は、検察人事の政治からの独立は、自明の理であり、絶対に守られるべきものだと受け止めていた。検察首脳人事と検察権行使は密接関連しており、それらについて国民から公正を疑われるようなことが寸分もあってはならない、という思いがその背景にあるとみられる。

一方、黒川は、「検察の独立」に法的根拠はなく人事の決定権は官邸にあると考えていた。従来、政治の側が権限行使に謙抑的だったのは、世論が「介入」を厳しく監視してきた結果にすぎない。検察が国民のニーズに沿う検察権行使をし続けなければ、世論は検察を見放し、政治の「介入」に抵抗するのは困難になる、との見方だ。

しかし、検察官も所詮、人の子。検察の捜査や公判立証がいつも理想通りにいくとは限らない。不祥事も起きる。そういうとき、法務事務次官や官房長はそのカバーをしなければならない。政権与党に対し、譲れるところは譲り、守るべきところは絶対に守る、そういう調整をするのが仕事と黒川は受け止めていた。だから、汚れ役を買いながら、それをやってきた。

「検察がいま、（国民のニーズのある）事件摘発にアグレッシブに取り組んでいないことが最大の問題だ。国家を歪める権力犯罪はなくなったわけではない。国民はそこにメスを入れることに期待しているが、現場には、その能力も意欲もない。どうやって、検察が国民の期待に応えて権力犯罪を摘発するか、が課題。国民が期待する権力犯罪の摘発をしなければ、検察の独立なぞ雲散霧消する」（黒川周辺の検察幹部）

この危機感は、正しい。その通りだ。しかし、黒川たちのその危機感を、検察首脳を含めどれだけの検事たちが共有していたのか。

２０１７年夏の人事で、官邸は林の法務事務次官就任を拒否した。林が予定通り18年1月に次官になったとして、官邸が買っていない稲田を検事総長にする人事案を持って行けば、すんなり通らない恐れがある、それこそが検察の危機、と黒川たちは受け止めていたとみられる。

黒川周辺関係者は「黒川さんは悪役を引き受けてきたが、これ以上、言われると、信用に瑕《きず》がつく。もう限界だ、と考えているようだ」と語った。

官邸の「異動凍結」に秘めた狙い

官房長官の菅、副長官の杉田は、２０１６年の人事折衝以来、稲田を「生意気なヤツ」と受け止めたが、稲田が検事総長になろうが、なるまいが、実はどうでもよかったのではないか。黒川を法務事務次官にとどめることだけが彼らの関心事だった。

官邸が黒川に期待したのは、安倍政権の危機管理を上手くやってほしいということだった。国と沖縄県の訴訟合戦にもなった辺野古埋め立て問題がまた、政権の思惑通りに進まなくなりつつあった。法務省で「国の代理人」として法廷に立つ訟務検事を統括するのは次官の黒川だった。「モリカケ」も懸案だった。検察現場は、国有地処分をめぐる背任などで告発された財務官僚らについて訴追をめざして熱心に捜査を進めていたが、法務省刑事局や最高検は、法律上、証拠上の問題で起訴するのは難しいとみていた。しかし、首相の安倍がかかわる疑惑である。国民の関心は高い。国民に起訴困難の理由を説明するだけで大変だった。

さらに捜査で、首相の安倍や元財務省理財局長の佐川宣寿らの国会答弁と齟齬をきたす資料などの存在が明らかになる可能性があった。不起訴処分にすると、検察審査会に審査請求が出る。検審に検察の捜査記録が行くと、そこで、事実が明らかになることも想定された。

官邸は、そういう「難局」を乗り切る「アドバイザー」役を次官の黒川に期待していたとみられる。検察が国民から「捜査で手心を加えた」などと不信を持たれないよう目配りする必要もあった。それらをすべて満足させるのは、至難の業だった。

外形的には、この人事凍結で、刑事局長より格上の法務事務次官にとどまった黒川が、検事総長レースで林を一歩リードした形となった。少なくとも、霞が関の他省庁やマスコミの一部はそう受け止めた。二人三脚で法務・検察のピンチを支えてきた黒川と林。その亀裂に権力という名の魔物が音もなく忍び込む。法務・検察の「コアの崩壊」が近づいていた。

第4章

17年冬の陣
——3度目の正直を阻んだ上川法相

林真琴と対立した上川法相　産経新聞社

3階級特進を装った林追放

林真琴を待っていたのは、東京からの「追放」だった。

2017年12月26日、政府は、18年1月9日付で法務省刑事局長の林を名古屋高検検事長に任命する閣議決定を行った。名古屋高検検事長は、検察の序列では、検事総長、東京、大阪高検検事長に次ぐナンバー4のポストだ。法務事務次官や格下検事長を飛び越しての3階級特進だったが、事務次官就任を強く希望していた林にとっては失意の人事だった。

これまでたどってきたように、林は、官邸の意向で16年夏と17年夏の2度にわたり事務次官昇格を延期されてきた。3度目の挑戦となる18年1月異動では、官邸も承認する構えで、今度こそ昇格は確実とみられていたが、意外なところから横やりが入った。17年8月の内閣改造に伴い、金田勝年から法相の座を引き継いだ上川陽子だ。

刑事局長から法務事務次官への昇格を目指す林の異動の人事案は、名古屋高検検事長の青沼隆之（62歳、34期）と広島高検検事長の齊藤雄彦（62歳、35期）の辞職に伴う認証官人事とセットで策定された。

実は、法務事務次官の黒川が起案した人事案は、黒川を名古屋高検検事長に転出させ、その後任に林を充てるというものだった。だが、黒川が17年11月末から12月初めにかけ、年内の閣議決定を睨み、その案を法相の上川に示して了解を得ようとしたところ、上川は、林の事務次官起用を拒み、黒川の留任を求めた。

黒川は、法務・検察部内や官邸との折衝も含めそれまでの次官人事の経緯を説明し、受け入れてくれるよう求めたが、上川の意思は固かった。やむを得ず、法務・検察では、黒川、林を再度、留任させる案も含めて検討したが、上川は林の留任をも拒絶した。

最後は、林の次官昇格を認めていた官房長官の菅義偉のもとに上川が乗り込み、直談判して林を名古屋高検検事長に転出させる人事を決めた。同じ日付で広島高検検事長に高松高検検事長の稲川龍也（61歳、35期）、稲川の後任に最高検公安部長の小川新二（60歳、36期）を充てる人事が発令された。

法相が、官邸まで認めた事務方の人事案を変更するのは極めて異例だった。林は異動を受け入れ東京を去った。法務省事務方ナンバー2である刑事局長の林がいなくなったことで、次官2年目の半ばに差し掛かった黒川の法務省内外での存在感は一層、大きくなった。外目には検事総長候補の筆頭に躍り出た格好になったが、法務・検察部内では、林が依然として稲田の次の検事総長の本命であることに変わりはなかった。

追放の「理由」

不可解な人事だった。２０１７年11月下旬まで、人事を起案する黒川をはじめ法務・検察幹部の間では、18年1月の林の法務事務次官就任は既定の方針と受け止められていた。林自身も、官邸筋を通じ、官房長官の菅や副長官の杉田がそれを了承している感触をとっていたとみられる。次官の黒川は18年1月交代を見越して17年秋以降、新たな仕事には手をつけず、資料の整理などにとりかかっていた。

上川が林の次官起用を拒否した理由は、表向き、「国際仲裁センター」の日本誘致の方針をめぐる意見の相違と説明された。国際仲裁とは企業間の紛争解決を司法ではなく、「仲裁人」の判断に委ねる制度だが、上川はその拠点となるセンター誘致に熱心で、法務省内の体制整備を求めていた。上川は2度目の法相で、任期も残り少ないとみられていた。

レガシーを作るため、それに向けて最適の人事をしたい、という気持ちはわからないではないが、それは自分が次官でもできなくはない――。納得がいかない林は12月19日、上川に説明を求めた。上川は、「国際仲裁センターを日本に作りたいが、短期間ではできないので、その実現のため刑事局の国際課を官房に置きたい、あなた（林）はそれに反対している、だからダメなんだ」と説明するだけだった。

しかし、国際課を官房に移す案はその1年以上前からある。刑事局側が激しく抵抗したのは事実だが、それは刑事局と官房との役人同士の話。大臣と刑事局長が争う問題ではなかった。

それとは別に、法務省内には、林が猟官運動をしている、とか、大臣に嫌われるような行儀の悪さがあった、それゆえ責任は林にある、との声があった。林はそれらについては心当たりがなかった。

林は上川に、センター問題以外で、何かほかに、自分の言動に問題があったのですか、と問い詰めたが、具体的な説明はなかった。林と上川の談判は2時間以上に及んだ。

「猟官運動」疑惑の謎

その「猟官運動」疑惑が曲者だった。疑惑の内容は、林が、親しい警察庁次長の栗生俊一を使って法務事務次官になるための猟官工作をしている、というものだった。法務省幹部によると、官邸の調査で、複数の関係者が林支援で動いていた事実があったことがわかった、という。報告を受けた官房副長官の杉田から上川にその話が伝わり、上川が激怒したとされていた。法務事務次官の黒川や官房長の辻裕教も前後してその話を知った。

栗生と林が盟友であることは前章でも触れた。林の2018年1月の法務事務次官就任に合わせるように、栗生も同時期の警察庁長官就任が噂されていた。内閣情報官の北村滋を含め一部の警察庁OBは栗生の長官起用に反対だとされていた。それとの関係は不明だが、栗生が海外で遊んでいるとか、警察が捜査している事件潰しに加担したかのような怪文書までばらまかれていた。

官界ならずとも、猟官運動は人事のルール違反だ。林は次官になりたい一心で人事のルールを破り、栗生に応援を頼んだとみられたのだ。林本人は猟官運動などしていない、と弁明したが、受け入れられなかった。

林から「猟官運動」疑惑について説明を受けた元検察首脳は「林と仲のいい栗生が動いたようだ。それが官邸の不興を買ったのかも。林自身は動いていない」と語った。

真相は不明だ。しかし、林は潔癖でプライドが高い。自ら猟官運動に走るとは考えにくかった。仮に、栗生が林に対する応援で動いた事実があったとしても、それは「勝手連」での行動だった可能性があった。その手のことは、よくあることだ。林のライバルの黒川も政官界のファンは多い。同様のことはあったと思われる。

「検察の政治からの独立」を真正面から掲げ、検察官としての原理原則を曲げない林は、官邸にとっては扱いにくい法務官僚だった。内閣の危機管理で黒川を使いたい官邸側にとっては、むしろ邪魔な存在だった。黒川を法務省の城主にとどめるため、戦国武将並みの「謀略」を仕掛けたのではなかったか――。そういう疑念がぬぐえない。

「猟官運動」情報の発信源は不明だが、少なくともその情報の「調査」には、内閣情報調査室が関与しているとみられた。調査室を取り仕切る内閣情報官の北村は、栗生とは敵対関係にあることは、先にも触れた。真相は何だったのか、歴史の検証を待つしかないが、背景にグロテスクな権力闘争があったことは間違いあるまい。

栗生は20年1月に警察庁長官を退官した。筆者は9月17日、栗生に対し、林にかかわる「猟官運動」疑惑などについて取材を申し入れたが、栗生は23日、「このようなお問い合わせにはコメントしないこととしています」と回答した。

上川は18年10月、内閣改造で法務省を去ったが、20年9月16日に発足した菅内閣で3度目の法相に起用された。筆者はその直前の9月14日、林の名古屋高検検事長転出人事の理由などについて本書に記した事実関係を示し取材を申し入れたが、上川は翌15日、「対応する時間がない。もとより個別の人事の検討過程や個別の事件に関する事柄については、その性質上、お答えは差し控えさせていただいております」と回答した。

林への法務省内の冷たい視線

林にとって、猟官運動疑惑をもたれたこと以上にショックだったのは、上川が林に対していろいろと不満を持っていることを、法務省官房長の辻や官房人事課長の伊藤が林に伝えてこなかったことだった。

そもそも、辻や伊藤は林直系の部下だった。林は辻に人事課長を引き継いだ。人事課長経験者は法務省内では「人事マフィア」と呼ばれていた。本来、林にとって不利な情報があれば、間髪を入れず親分にご注進するはずだった。「国際仲裁センター」などでの上川の不満を、早期に林が知っていれば、誤解を解くべく時間をかけて上川と話し合うことができたはずだ。猟官運動疑惑についてもそうだ。

林の周辺の空気が変わっていた。法相の上川がそういうふうに林を見ていることを誰も林に伝えなかった。名古屋の検事長は３階級特進。稲田の後の検事総長は林、というのは変わらないのだから、黙って名古屋に行け、という声が法務・検察部内にあった。

黒川も、上川が林に不満を持っていることを知りながら、林に伝えなかった。本来は、林に伝えて誤解を解消させるのが法務省事務方トップの黒川の責務だ。もっとも、黒川は、知っていることを教えないとか、そういう意地悪をする人間ではない。辻らが黒川に「動かないで」と頼んでいたようだ。

辻らは、機会を見て、上川から不興を買っていることを林に伝えようとしていたが、林は人事がらみの話になると機嫌が悪くなるので、辻も伊藤も話せなかったようだ。そのうち官邸から猟官運動疑惑という「爆弾情報」が降ってきた、というのが真相と思われる。

「転向」

林は名古屋高検検事長への転出が決まる5ヵ月前の2017年7月、内閣情報官の北村が「稲田を検事総長にしない」と策動しているとの真偽不明の情報を知り、稲田の東京高検検事長任命の閣議決定をとるため、検事総長の西川克行や人事課長の伊藤らを猛烈にせかしたことがあった。黒川や辻、伊藤らはすでに、稲田を東京高検検事長にする方針で認証式の日程調整に奔走していた。林の行動は辻、伊藤らには異常と映り、林に不信を抱くきっかけとなったようだ。逆に、辻らは、「敵将」だった黒川にシンパシーをもったとみられる。

黒川が官邸などへ働きかけている人事の根回しの実態を知ったからだ。政治との人事折衝の経緯は、公にできないことが多く、それゆえ公正さを疑われることもある。実際、それまで黒川は官邸に対する根回しの内容を秘密にし、法務省内では胡散臭い動きと受け取る者が少なくなかった。

黒川は辻らと人事の折衝経緯を共有したとみられる。その結果、辻らの間に、むしろ林が言っていることに無理があるのではないか、との視点が生まれたのだ。

相手の信頼を勝ち取るための鉄則は、嘘を言わないこと。そして話した事実の検証ができるようにすること。黒川は「敵方」だった辻らに対してそれを実践したのだった。

役所にせよ、会社にせよ、人事の秘密は墓場まで持って行くものとされている。黒川がこのころ、あえてそうしなかったのは、「事実を残さないと、本当に悪者にされてしまう恐れがある」と感じたからだろう。「永田町対応で『悪者』を演じてきたが、そろそろ、終わりにしないと退官後の人生設計に支障が出る」。そう考えたうえでの自衛手段だったとみられる。

林の無念

林は無念の思いをかみしめていた。林は、法務・検察が決めた「稲田―林」の検事総長人事を守る目的もあって、法務事務次官の職にこだわったが、純粋法務行政の面からも、事務次官として成し遂げたいことがあった。

それは先にも触れた法務省の人事改革、特に、法曹資格を持たない上級公務員試験合格者である一般職キャリアの局長抜擢だ。当時の法務省には、刑事、民事、矯正、保護、人権擁護、訟務、入国管理の7つの局があり、局長は、検事か、法務省に出向した裁判官が務めてきた。

林は、一般職キャリアの局長登用が、法務省活性化につながると考えていた。刑事局長時代の2016年6月には、矯正局長に一般職の富山聡を登用するのに尽力した。

林は、次官としてその人事政策を確実にしたかったのだ。ちなみに、入国管理局は19年4月、法務省外局の出入国在留管理庁に組織替えとなった。初代長官には一般職キャリアの佐々木聖子が就任したことは先に触れた。

元検察首脳らは、「林が名古屋行きを断って辞職するのでは」と心配したが、林は異動を受け入れた。林としては、検察の独立を守るための検事総長人事、つまり稲田―林の順で検事総長をつなぐ人事を、放り出すわけにはいかなかった。しかし、林が人事で大きな発言力のある事務次官にならなかったことによって、その構想は危ういものになりつつあった。

東京高検検事長の稲田が、法務・検察の構想通り検事総長になれば、林しか次の総長はいないと法務・検察幹部は口をそろえていた。実際そうなる前提で人事案はできていた。純粋に年齢の問題だった。そうした法務・検察の意向を無視して黒川を検事総長にするには、官邸は稲田に予定より早く辞めろ、と言わねばならない。それは、まさに検事総長人事への露骨な介入になる。「稲田もそこは抵抗するだろうが、結局のところ、『稲田の抵抗』だけが担保だった。実際はどうなるかわからない」というのが、林の本音だったとみられる。

林の故郷の豊橋は、名古屋高検の管内にある。林は「喜んで行くわけではないが、高齢の父親の見舞いもできる」と周辺に語った。法相の上川による人事介入は、直接は事務次官人事が対象だったが、法務・検察が決めた検事総長人事の手順を狂わせた。林らが構築していた「結界」は大きく崩れ始めた。

第2節　官邸の思惑

「政界の人事グリップ」懸念

「困ったことになった。検事総長は林の方が座りがいいと思っていたが、これでわからなくなった」

２０１７年12月26日、東京駅に近い高層ビルにある弁護士事務所で、元検察首脳は深いため息をついた。

林を名古屋高検検事長に出しても、次の人事では東京高検検事長に異動させ、西川、稲田の次の検事総長にするとの含みを残してはいたが、通常の「コース」を外れたことは間違いなかった。永田町や霞が関が、東京に残った黒川を検事総長の本命と受け止めることも想像がついた。

元首脳にとって林の検事長転出以上に衝撃だったのは、この人事変更が法相からの直接的な要求で行われたことだった。従来は、大臣が法務省事務方の意に沿わない人事を望んでいる場合でも、丁寧な根回しで説得すれば、法務省の案を飲んでくれた。そういう手法にたけた黒川を以てしても、今回は通らなかった。

林を「コース」から外すと、法務・検察の一部が「政治の人事介入」と受け止めるであろうことを、官邸や上川はわかっていたはずだ。なのに、あえて強行した。事実上の「人事指揮権発動」だ。それを既成事実にして、本格的に検察の人事をグリップしようとする意図があるのではないか、と疑った。そして、それは極めて危ない、と受け止めたのだ。

このままいくと、いずれ「検察の政治からの独立」という検察の根源的な問題で、政治と検察が正面衝突する。それは、国会と国民を巻き込んだ大騒動になり、法務・検察の2枚看板である黒川と林がその争いに巻き込まれ、「下手をすると、共倒れになるのではないか」と危惧したのだった。

官邸は「黒川がやって、そのあと林で」

黒川は、林が名古屋に去ったことで、官邸など政治の側がより一層、黒川を検事総長にしたいと考えるであろうことを、誰よりもよく知っていた。長く政界ロビーイングにたずさわり、政治に近いとみられている自分が検事総長になると、現場の検事たちがやりにくいことも理解していた。それゆえ、林が稲田の次の検事総長になるのが一番いい、と考えてきた。

そのためには、人事権を持つ官邸の林に対する悪印象を払拭し、拒絶感を解消しなければならないが、肝心の、検察の総帥となる稲田は、そのあたりの機微を何もわかっていない。何の疑いも持たず、検察と検事総長は神聖にして侵すべからず。そういうものだと思い込んでいる——黒川や法務・検察OBの一部はそう受け止めていた。

2018年1月はじめ、黒川は半分、投げやりになって、周辺関係者にこう語った。

「面倒くさくなってきた。いっそ、西川と稲田に、稲田と俺と1年ずつ総長をやって林にしよう、と言おうか」

西川の次に、検事総長の椅子を、稲田―黒川―林という順でつなぐアイデアは第2、第3章で触れた法務省の人事案「B案」で議論されたものである。18年夏に稲田が検事総長になれば、林が63歳の定年を迎える20年夏までに丸2年ある。稲田と黒川が1年ずつ総長を務めて林に引き継げば、政界の要望「黒川を総長に」と法務・検察の構想「稲田、林を総長に」は満たされることになるのだ。

実際、官房長官の菅はかねて「黒川がやって、その次に林がやればいい」と法務省関係者に示唆していた。林に対しても名古屋に転出させる際、「東京に戻す」と話したとされる。

ただ、稲田や林にとって、それは「自分たちが決めた検事総長人事が政治によって歪められる」ことを意味する。到底譲れるものではなかった。

東京高検検事長の稲田が18年夏、検事総長に昇格するのは確実だった。そのころには、稲田を嫌っている菅らもさすがに、異論は差し挟まないと黒川らも考えていた。稲田が検事総長になる時点で、稲田の次の検事総長を決めておかなければならなかった。黒川と林のどちらを総長にするのか、それとも2人とも総長にするのか。決断まで残された時間は長くなかった。

「当て馬」検事長

問題は、官房副長官の杉田だった。官邸筋によると、官僚界のトップである杉田は常に留保を置きながら発言するタイプで、同じ発言でも、人によってはまったく違う受け止め方をする場合もあるという。特に、人事のように微妙な問題では、杉田の真意を見極めるのが難しいと各省庁の幹部は感じていた。

当時の法務省では、杉田は、林が猟官運動をしたと思い込んでおり、林に対する信頼が薄れていると受け止められていた。そういう状況では、人事折衝を担当する法務事務次官の黒川にとって、とても、林を稲田の後の東京高検検事長に、と言い出せる雰囲気ではなかった。稲田についても、杉田は2016年夏以来、良い感じを持っていなかったとみられる。

18年夏、検事総長に昇格する稲田の後任として、2期下でキャリアも十分な黒川を東京高検検事長に就ける人事も可能だったが、官邸は相変わらず、黒川が次官で居続けることを望んだ。黒川自身もまた、検察ゾーンに移ると、検事総長人事の起案など人事での調整作業ができなくなることから、自らを東京高検検事長にする人事の起案は見送ったとみられる。結局、18年夏の稲田の検事総長昇格のタイミングでは次の検事総長候補は絞り込まず、ペンディング（保留扱い）とすることになった。

稲田は18年7月25日、検事総長に任命された。官邸関係者によると、このとき、官房長官の菅は稲田について「検察や法務行政でどんな功績があるのか。ないのに偉くするのはおかしい」と皮肉ったという。これは、司法制度改革や不祥事を受けての検察改革の修羅場を黒川や林が担い、稲田はほとんど貢献していないと菅らが見ていたことを示す。

後任の東京高検検事長には、最高検次長検事の八木宏幸（62歳、33期）が起用された。八木は稲田と同期任官。検事総長候補になったことはなく、本来は、大阪高検検事長あたりで退官するとみられていた。東京高検検事長にしたのは、黒川、林をそこに充てられないための「当て馬」だった。

八木は生粋の現場派検事で、東京、大阪の特捜部を行き来し13年半、特捜部に在籍した。イトマン事件や4大証券などによる総会屋への利益供与事件などを担当。「自白を獲得する達人」と言われた。東京地検特捜部長として07年の元防衛事務次官の収賄事件も摘発した。

「パンチ森本」特捜部の活躍

一方、このころ、2010年の大阪地検の不祥事発覚以降、鳴りを潜めていた特捜検察が、息を吹き返しつつあった。

17年9月、「特捜検察最後のエース」と呼ばれた森本宏（50歳、44期）が、東京地検特捜部長に就任。12月18、19日の2日間にわたり、公正取引委員会と合同で鹿島、清水、大成、大林組のスーパーゼネコン4社を強制捜査した。リニア中央新幹線の工事受注をめぐる独占禁止法違反（談合）の摘発だった。談合絶滅宣言をしたスーパーゼネコンが相変わらず、古い体質を引きずっていることを暴いた。

大林組と清水建設は公取委に課徴金減免を申請し特捜部の捜査に協力した。特捜部は翌18年3月、容疑を否認した大成の元常務と鹿島の営業担当部長を逮捕したが、捜査に協力した大林組、清水建設の幹部は在宅で取り調べた。法人4社を独占禁止法違反（不当な取引制限）の罪で起訴したが、個人では、大成元常務と鹿島営業担当部長の2人を同違反で起訴する一方、大林と清水の幹部3人については不起訴処分（起訴猶予）とした。容疑者から協力を得るための森本流「メリハリ」捜査だった。

18年7月には文部科学省の支援事業で東京医科大に便宜を図ったとして、同省科学技術・学術政策局長らを受託収賄容疑で摘発。この年11月に有価証券報告書虚偽記載の疑いで逮捕するカルロス・ゴーン前日産自動車会長の事件の仕込みも進んでいた。

仕事での〝パンチ力〟とその髪型から「パンチ」のあだ名で呼ばれる森本は、東京地検特捜部検事として06年の村上ファンド事件や福島県知事汚職事件などを捜査。同部副部長時代の13年には医療法人徳洲会グループの公職選挙法違反事件を手がける一方、法務省刑事局で総務課企画調査室長、刑事課長、総務課長を歴任。検察改革にもかかわり、「将来の検事総長候補」と期待されてきた。

検察幹部によると、その森本を、稲田、林は、検事総長コースに乗せるため、できるだけ早く特捜部長から法務省人事課長に異動させたいと考えていたという。人事課長―地方の検事正―法務省官房長―刑事局長―法務事務次官―地方の検事長―東京高検検事長―検事総長、というピカピカのエリートコースを歩ませるためだ。稲田はそのコースを歩んできた。

一方、黒川は、「強い検察の再建」こそが、検察の喫緊の課題と考えていた。大阪、東京両地検の不祥事で特捜部は萎縮して権力犯罪の摘発から遠ざかった。そのため、優秀な特捜検事が育たず、ますます権力犯罪摘発ができなくなる悪循環に陥っていた。特捜検察の復活に向け森本をできるだけ長く現場に置き、国民のニーズに応える特捜事件を摘発するとともに、中堅・若手の特捜検事の育成を進めようと目論んだのだ。

その後、森本の人事課長構想は消えたが、稲田らは、森本をできるだけ早く現場から管理部門に移したいと考えていたようだ。19年7月の人事では、森本を地方の検事正に転出させる人事も策定されたが、同年1月に東京高検検事長になっていた黒川がストップをかけたという。森本はその後、カジノを含む統合型リゾート（IR）を巡る収賄容疑で衆院議員の秋元司を、19年の参院広島選挙区を舞台にした公選法違反（買収）容疑で元法相の衆院議員、河井克行と妻の参院議員、案里を逮捕、起訴。20年7月末、津地検検事正に転出した。捜査への情熱や、事件の筋を読むセンスのよさは黒川と似ていた。

森友事件財務省ルートの不起訴

他方、このころの大阪地検特捜部は、森友事件の処理で悪戦苦闘していた。

森友学園への国有地の格安払い下げに加え、2018年3月初めには、財務省が取引に関する決裁文書を大量に改竄していた前代未聞のスキャンダルが発覚した。財務省は、理財局長の佐川宣寿の国会答弁にあわせて資料を廃棄したり、決裁文書の内容を書き換えて国会に提出したりしていた。

決裁文書からは、首相夫人の安倍昭恵や政治家の名前、「本件の特殊性」などの記述が削除されていたうえ、国会答弁の最中に、大量の公文書が廃棄されていた。文書書き換えにかかわったとされる近畿財務局上席国有財産管理官の赤木俊夫は、朝日新聞が文書改竄を報道した直後に自殺した。

国会でやり玉に挙がった財務省は、官邸から独自に徹底調査するよう求められた。

大阪地検は18年5月末、土地処分と公文書改竄で告発された財務省、近畿財務局、国交省大阪航空局の計38人について処分を決めた。土地処分をめぐる背任容疑については「国が損害を受けたと判断するのは困難」として、近畿財務局、大阪航空局の現場職員8人を嫌疑不十分で、4人を嫌疑なしで不起訴とした。また文書改竄、廃棄についても「(削除によって)事実に反する内容の文書になったとは認められない」などとして佐川と理財局総務課長、理財局次長、国有財産企画課長、国有財産審理室長、近畿財務局のベテラン職員ら12人について嫌疑不十分で不起訴とし、その他の職員は嫌疑なしとした。

それを受けて財務省は6月4日、調査結果を公表。国有地の大幅な値引き売却が明るみに出た17年2月以降、応接録の廃棄や、取引に関する14件の決裁文書の内容を一部削除した事実を認め、佐川の国会答弁などとの整合性をとることが目的だったと説明した。

併せて、既に退職していた佐川を停職3カ月相当の懲戒処分としたのをはじめ、計20人の職員に対し行政処分を行った。

官邸と財務省が神経を尖らせた森友事件は、検察の幕引きで、一旦収束した。不起訴の結論は、ある程度、予想されたことではあったが、官邸は安堵した。

第3節　フェーズの転換

綱引き

２０１８年８月中旬。黒川を次期検事総長含みで東京高検検事長にするかどうかで、官邸と法務・検察の間で水面下の調整が始まった。官邸は、黒川の検事総長就任を望み、検事総長の稲田は、黒川でなく林の検事総長就任を望んだ。

黒川ら法務省幹部は９月20日投開票の自民党総裁選での「安倍３選」に注目していた。安倍が総裁選で敗れれば、官邸の布陣は一新し、検事総長人事は一からやり直しとなる。３選が成ったとしても、黒川を贔屓にしている菅は官房長官から自民党幹事長に転じる話が出ていた。杉田は「菅と俺が同時に辞めることはない。もし、菅が外れても俺は残るから、方針は変わらない」と法務省関係者にアナウンスしていたが、新しい官房長官次第で、検事総長人事の構想が変わる可能性があった。

林を追放した上川は18年７月、オウム真理教の松本智津夫元代表ら教団幹部13人の死刑執行命令書に署名して大臣の仕事に自信を深め、まだ法相を続けたいと考えているようだった。しかし、安倍３選で憲法改正発議ということになれば、憲法問題に詳しい上川はまとめ役として引っ張り出され、法相を交代する可能性があった。

菅、上川が残留なら、杉田を含む官邸は黒川に対する処遇で19年1月に東京高検検事長の八木を退官させ、その後任に黒川を据え、そのまま検事総長への昇格を求める公算が大きいとみられた。黒川個人の思惑は別として、法務・検察は、官邸の意向に沿って黒川を19年1月に東京高検検事長にするが、検事総長にはせず1年後（20年1月）に退官させ、そこに名古屋高検検事長の林を充てる人事案をまとめつつあった。そのころになれば、官邸の林に対する見方も変わっているだろうと考えたのだ。

「総長はやりたくない」黒川の本音

法務省関係者によると、8月下旬、黒川は「自分が先に東京高検検事長になり、ほとぼりを冷ましてから林を東京に異動させる方が林検事総長実現の可能性が高いのではないか」と考えていた。法務・検察ＯＢの重鎮が黒川を呼び出したのはそのころだ。

重鎮は、黒川が東京高検検事長になる人事案について「黒川をせめて東京で終わらせるのが組織としての礼儀だと思うし、次官を終えた後、大阪・名古屋（の検事長どまり）では官邸側が収まらない。（２０１9年1月に黒川を東京高検検事長に起用する法務省の）その案がベスト」と評価し、「稲田・林が『黒川陰謀説』にとらわれているなら、自分が立ち会い、稲田、黒川、林、辻で腹あわせの会を開いてもいい」と提案した。

その重鎮は黒川に対し「検察のトップとしては、君の方が本当は安心だ。しかし、これまで組織内ではＯＢも含めて林で進めてきた経緯がある。稲田がそれを覆す決断ができるとは思えない。

ただ、君が、自分が総長になることが組織のためになると確信し、耐える胆力があれば、それはそれで問題はない」と話したという。

黒川は「仮に私が総長になれば、安倍に押し込まれた総長と烙印を押され、検察がどのような活動をしてもその都度何らかの形で揶揄されるでしょう。私の胆力以前にどう考えても組織のためになるとは思えない。個人の感情としても、林を含めた同期後輩から後ろ指を指され、個々の検事から猜疑心を持たれた求心力のないリーダーとして務めあげる意味はないと思っている」と答えたという。

安倍は３選を果たした。菅は官房長官に残留し、法相の上川は18年10月の内閣改造で山下貴司に交代した。山下は元検事。特捜部長の森本と同期任官で、07年の前防衛事務次官の収賄事件では特捜検事として森本とともに捜査の中核を担った。その後、法務省刑事局国際刑事企画官となったが、10年９月に尖閣諸島沖で発生した中国漁船衝突事件に対する民主党政権の弱腰対応に「このままでは日本が持たないと感じ」て辞職。自民党の公募に応じて政治家になった。

山下は、東京地検特捜部時代、黒川の下で捜査に携わったことがあり、黒川の検事としての能力の高さをよく知っていた。

ゴーン捜査さなかの検事長人事

東京地検特捜部が内偵中のゴーン事件が火を噴いたのは２０１８年11月19日。特捜部は日産自動車代表取締役会長のカルロス・ゴーンと側近の代表取締役、グレッグ・ケリーの２人を、ゴーンの高額報酬を過少に公表した金融商品取引法違反（有価証券報告書の虚偽記載）容疑で逮捕した。プライベートジェット機で羽田空港に到着したゴーンは、待ち構えていた東京地検特捜部の検事に連行された。カリスマ経営者の逮捕への動きがリアルタイムで朝日新聞デジタル版で速報されると、世界中に衝撃が走った。

一世を風靡《ふうび》したカリスマ経営者の「裏の顔」を暴き、企業統治の強化を求める時代のニーズにもピタリとはまった事件で、特捜検察の復活を強く印象づけた。威力を発揮したのは、18年6月から導入された司法取引だった。役員報酬の開示義務違反に踏み込むのも初めてだった。

特捜部は、ゴーンの身柄拘束中に日産の資金流出にからむ不正を立件すべく関係者への捜査を進め、12月21日、ゴーンが私的な損失を日産に付け替える際、中東の知人から約30億円の債務保証をしてもらい、謝礼として約16億円を日産から支払わせたとする会社法の特別背任の容疑で再逮捕。翌19年1月11日、ゴーンを特別背任罪と虚偽記載罪で追起訴。余罪の解明に全力をあげた。

そのさなかの19年1月8日、政府は同月18日付で東京高検検事長の八木の辞職を認め、後任に法務事務次官の黒川を任命する閣議決定を行った。後任次官には刑事局長の辻、刑事局長には官房長の小山太士《おやまたいじ》（57歳、40期）、官房長に最高検検事の川原隆司《りゅうじ》（54歳、41期）が起用された。

法相としてこの人事を策定した山下貴司は、「官邸からは何の注文もなかった。裁判員裁判の問題点が明らかになり、日本版司法取引など新たな刑事手続きも導入された。両制度の立法などにかかわった黒川さんに、現場の要である東京高検検事長を委ねたいと思った。その時点では次の検事総長人事は念頭になかった」と振り返った。

黒川にとっては、20年ぶりの検察ゾーン復帰だった。東京高検検事長は、特捜部を指揮する東京地検検事正を指揮する立場だ。さっそくゴーン事件について詳細な報告を受け、森本特捜部の強力な後ろ楯となった。

2年半にわたって法務行政を取り仕切り、官邸肝いりの入管法改正など重要法案成立に貢献した黒川にとって順当な人事だと政官界は受け止めた。そして、黒川が次期検事総長の最有力候補になったとも受け止めた。大阪地検の不祥事以来、事件摘発に消極的な検察を危惧してきた元特捜部長の弁護士は「黒川君はやり手。沈滞している検察現場を立て直してほしい」とエールを送ったが、「政界に近い」とのイメージが定着した黒川に拒否反応を示す検事も少なくなかった。

稲田が黒川に退官勧告

法務省関係者によると、実は、この黒川の東京高検検事長人事の際、検事総長の稲田は、黒川に2019年秋に検事長で退官してほしいと求めたという。その時点で、稲田は林後継をイメージしていたと思われる。それは以心伝心で検察部内に広がった。

19年2月20日、全国の高検検事長と地検検事正が集まる「検察長官会同」が法務省で開かれた。検事総長の稲田は「裁判所が裁判員の精神的負担を重視し、遺体の写真などの証拠を取り調べない傾向がある」と指摘。「刑事裁判は証拠によって認定されるものだ。必要な場合にはこうした証拠が採用されるよう努力してほしい」と訓示した。

会同後のパーティに出席した元検事総長は「みんな、林君が次の総長だといっていた。黒川君は総長にこだわっていないでしょ」と話した。

この年4月末には天皇（現上皇）が退位。翌5月1日に皇太子が新天皇に即位し、平成から令和への皇位継承が行われた。6月下旬、永田町では、それに関連する一連の宮中行事を取り仕切る官房副長官の杉田が、11月の大嘗祭が終わったら辞職するのではないか、との噂が流れた。林を快く思っていないと伝えられる杉田が辞めるのなら、官邸の林に対する逆風は弱くなるとの見方が法務・検察に生まれた。杉田が官邸の「黒川検事総長待望」論、つまり林を稲田の後継にすることに否定的な勢力の総帥であることは法務・検察首脳の共通認識だった。

それなら、黒川が東京高検検事長で退官した後、すんなり林を稲田の後任として検事総長に据えられる、との受け止めである。

しかし、官邸側は、はなから黒川を検事総長にするために東京高検検事長に起用したつもりだった。官邸側は法務省側に、ことあるごとに、黒川を検事総長にしたいとの意向を伝えていた。そのため検事総長の稲田以下は、その意向を了解しているものと受け止めていた。

そうした中、下手に黒川が東京高検検事長で退官するとの情報が官邸側に伝わると、官邸側が「話が違う」と大騒ぎする恐れがあった。黒川は、稲田や法務事務次官の辻に退官の意思を伝えるタイミングと伝え方に慎重を期す必要があると考えていたとみられる。

「フェーズが変わった」

ところが、2019年8月になって、その杉田が大嘗祭後も辞職せず続投することが決まった。

後任の官房副長官が決まらなかったためだ。法務省側にとって、杉田続投イコール稲田の次の検事総長を林にする人事の実現は難しくなるということだ。

官邸筋によると、内閣情報官の北村滋と稲田が会食したのは、ちょうどそのころだった。北村が杉田続投の見通しを告げると、稲田は露骨に嫌な顔をしたという。そこで北村は稲田が後継総長を林にしたいと考えているとの心証をとった。北村と稲田は、若いころ、政府の外国語研修を通じて親しくなり、ときどき酒を酌み交わす間柄だったという。北村はその関係を利用して、稲田が、黒川を総長にするという官邸の意向に従うのかどうか、感触を探っていたとみられる。

官邸筋によると、北村の報告を受けた杉田はすぐ菅に報告。官邸はその時点で次期検事総長は黒川でいく方針を確認したとみられる。裏返すと、林が現職中に次期総長になる構想が官邸では完全になくなったことを意味する。杉田は、辻にその旨を伝え、「既定路線で変わりないね」と念を押したという。

このころ、また、林の盟友で警察庁長官の栗生俊一がからむ怪情報が永田町に流れた。官邸筋によると、栗生が後継の警察庁長官に警察庁次長の松本光弘を充てたいとする人事案を官邸に持ち込んだところ、杉田ら官邸が難色を示し、人事案は差し戻しになったというものだ。その際、なぜか、また林が栗生を通じ、自分を検事総長に推してくれと官邸にロビー活動をしたという話が流れた。第二の猟官運動疑惑である。

これはありえないと思われる。林がアンフェアを嫌う性格であることは前に述べた。まして1年半前、「栗生を通じた猟官運動」の疑惑をかけられて名古屋に追われた林が、そんな危ない橋を渡るはずがない。官邸の中で「林の次期総長否定話」と「反栗生」の情報が結びつき、前回の「猟官疑惑」に尾ひれがついて流れたものとみられる。

筆者は9月14日、本書で記した北村がかかわったとされる検察首脳人事の舞台裏の「工作」の事実関係について北村に確認取材を申し入れたが、北村は9月23日、弁護士を通じ、「ご指摘の各事実関係につきましては、いずれも回答人の職務とは何ら関係がなく、回答人の全くあずかり知らない事柄です。したがいまして、当該ご質問状のいずれのご質問に対しましても、回答人は何もお答えすることはありません」と回答した。

のちに、法務・検察OBの重鎮は「19年夏にフェーズが変わった。法務省は、官邸から林にダメ出しをされ、林の検事総長の目がなくなったと受け止めた。そのため法務省は、それ以外の道を模索するしかなくなった。黒川も場合によっては総長を受けるしかなくなった」と語った。

8月下旬、黒川は周辺関係者にこう話した。

「総長にならずに辞めた方が楽。自由になってカネも稼げる。しかし、これまで組織に育ててもらい、官房長、次官で思い通りやってきたのだから、今度は組織に恩返ししろ、といわれると、断りづらい。声がかかってくるか、わからないが……。やっても、きっと失敗するだろうな」

黒川が初めて「検事総長をやるしかないのか」と考え始めた瞬間だった。

黒川が検事の定年63歳を迎えるまであと半年余り。法務事務次官の辻は、次期検事総長人事について官邸から「どうするんだ」と聞かれるたび「まだ、何も決めていない」と答えていた。それに業を煮やした官邸が、黒川総長実現に向けて何やら、仕掛けようとしている気配があった。

第5章 官邸の守護神の実像

ＫＳＤ事件で逮捕された村上正邦（２００１年２月）共同通信社

第1節　甘利事件捜査の真相

600万円受領を認めても不起訴

黒川は、野党や一部のマスコミから「官邸の守護神と呼ばれている」などと評されてきた。黒川がそう呼ばれてきたことは事実だ。それにはどのような根拠があったのか。本章では、法務省官房長、事務次官時代の黒川と政界、そして、黒川と検察の関係について検証する。

よく引き合いに出されるのが、検察が不起訴処分にした「甘利事件」と「森友事件」だ。2つの事件を通して、当時の筆者の取材メモをもとに、「黒川守護神」の実像を考察したい。

まず、甘利事件。2016年1月20日、「文春オンライン」は、経済再生相の甘利明の地元事務所が、千葉県の建設会社の総務担当者から現金と飲食接待を合わせ総額1200万円の利益供与を受けていた疑いがあると報じた。担当者は甘利や秘書とのやりとりを隠し録音していた。甘利は、自らと元公設第1秘書が計600万円を受け取ったことを認め28日、経済再生相を辞任した。

建設会社に隣接する県道の用地買収に伴う補償をめぐり、建設会社と独立行政法人都市再生機構（UR）の間でトラブルが起きていた。実名で文春の取材に応じた建設会社の総務担当者は補償交渉に関し「甘利事務所に口利きを依頼し、見返りとして現金や接待で1200万円を渡した」と証言。甘利の政党支部などの政治資金収支報告書には、同社からの寄付は376万円しか記載されていなかった。甘利の秘書がURと接触したあと、URは建設会社との交渉に応じ、2億2000万円の補償金を出していたことも判明した。

市民団体などからあっせん利得処罰法違反や政治資金規正法違反の疑いで、告発を受けた東京地検特捜部は4月8日、UR千葉業務部や建設会社などをあっせん利得処罰法違反容疑で捜索。甘利本人からも任意で事情聴取したが、甘利側がURに対して不正な口利きをした事実は確認できなかったとして5月31日、甘利と関係した元秘書2人を不起訴（嫌疑不十分）とした。

外形的には、不透明極まる政官界疑惑だった。検察が起訴しなかったのは、官邸に忖度して捜査を手控えたのではないか、それを、官邸に近いとされ、当時、法務省官房長だった黒川が主導したのではないか、との疑念が野党やマスコミの一部に広がった。

「守れないか」の相談に「無理」

官邸筋によると、文春報道を受けて官邸は環太平洋経済連携協定（TPP）交渉を担当している甘利を守るため「甘利対策チーム」を発足させ、法務省官房長の黒川にも何とか辞職させないで済む方法はないかと相談した。しかし、黒川は、カネの授受がある以上、大臣に留まるのは無理でしょう、と取りつく島もなかったという。すると、なぜか甘利が検察に逮捕されるのではないか、との憶測が永田町に広まった。

一方、特捜部は当初、1月中にも政治資金規正法違反容疑で関係先を捜索しようとしていた。

しかし、法務省刑事局は甘利が現金を受け取っていても、どの政治団体で処理するかは政治家の自由であり、立件するには金額も小さすぎ、いざ、強制捜査しても起訴できない恐れがある、として慎重に捜査するよう特捜部にアドバイスしたという。これは、後に述べる、検察の「起訴基準」にかかわる話だ。

検察は2010年に摘発した元民主党代表、小沢一郎の資金管理団体「陸山会」を舞台にした政治資金規正法違反事件で小沢を起訴できず、その後、検察審査会が強制起訴したものの無罪となった。その過程で検察側の捜査の不手際が露呈し、世論の批判を浴びるなど痛い目にあってもいた。

甘利について特捜部は検討の結果、同容疑での訴追は難しいと判断。ターゲットをあっせん利得処罰法違反に切り替えて内偵を進めたが、同違反容疑での捜索は4月にずれ込んだ。その間に、国会の予算や法案審議は順調に進んだ。

容疑事実が固まらず

あっせん利得処罰法違反に問うには、政治家や秘書が権限に基づく影響力を行使して口利きをした見返りに、報酬を得ていたことを立証する必要があった。議員立法で成立したこの法律は、審議の過程で与党議員らが要件を厳しくして適用のハードルを高くした経緯があった。法務省刑事局は、その事情を熟知しており、構成要件の勘所を特捜部と協議した。

特捜部は、甘利本人や元秘書、URの担当者らから事情聴取し、関連書類を押収したが、影響力の行使に関する具体的な証拠を得られなかった。そのため捜査は難航した。URが建設会社との交渉に応じたのは、道路工事を請け負ったゼネコンの現場所長が、建設会社を立ち退かせないと工事が進まない、とURに申し入れたためだったことも捜査で判明した。

文春の取材に協力した建設会社の総務担当者はその後退職し、自らも逮捕されることを恐れたか、特捜部の捜査に非協力的だった。

特捜部から捜査経緯の報告を受けていた法務省刑事局の幹部も「(元担当者は)金銭の授受についても『どうだったかな』と曖昧。隠し録音は、文春の取材が始まってから。『ある』としていたそれ以前のものはなかった。法律判断の前提になる事実があやふや。立件は無理だった」と周辺関係者に語った。

着手の日程調整

本来、法務省で検察を所管するのは、黒川と同期の林がトップを務める刑事局だ。捜査上の問題点についても刑事局が掌握し、解決にも関与する。当時、法務省官房長だった黒川が担当したのは、法務省の政界担当として、国会の審議日程を睨み、審議の邪魔にならないよう強制捜査の日程調整などを行うことだった。

実は、この種の日程調整は、珍しくない。2001年に東京地検特捜部が元参院議員の村上正邦ら国会議員2人を逮捕したKSD事件の際も、法務省官房長の但木敬一が国会審議への影響を避けるため、特捜部長の笠間治雄に直接連絡をとって強制捜査の着手日をずらしてもらった。笠間はのちに「国会審議を尊重するのは当たり前。証拠は固まっていたし、着手日を遅らせても捜査には何の影響もなかった」と周辺関係者に語った。

ＫＳＤ事件については、この後詳述する。

甘利事件の捜査について黒川が特捜幹部や刑事局と話をしたのか、それがどういう内容だったのかは明らかではないが、黒川が、官邸と検察の間に立って、強制捜査の着手日程の調整などのため、検察側と折衝したのは事実だろう。しかし、それは事件潰しとは違う。一種の行政的な判断にかかわる話だ。

法務省と検察の関係

検察捜査の実態や、検察と法務省の関係は、外部の関係者にはわかりにくい。それゆえ、誤解が生じやすい面がある。

捜査や公判など検察権を行使するのは検察庁に所属する検察官であり、法務大臣を補佐する法務官僚には検察権行使の権限はない。法務事務次官になる検事はいったん、検事を辞職して事務官になる。刑事局長以下の法務官僚は号俸に応じて最高検、東京高検、東京地検検事との併任になるが、検事の肩書はあっても大臣を補佐する行政官とみなされ、検察権行使の権限はないとされている。

その検察権行使は、一人の検察官が、国家意思である起訴、不起訴を決める建て付けになっている。起訴状の署名は、検事個人が行う。自らの良心と法と証拠のみに基づいて判断するという検察官独立の原則に基づくもので、検事は「独任官庁」と呼ばれる。ただ、起訴・不起訴の判断は必ず上司の決裁を得るので、実質的には普通の役所の事務と変わらない。

検察には、事件処理での間違いや全国的な不均衡が生じないようにするため「検察官同一体の原則」という正反対のルールもあり、それが上司の決裁の根拠となっている。この「同一体原則」に基づき検事総長を頂点に高検検事長、地検検事正は管轄する検察官を指揮監督する権限を持つ。

もし、主任検事と検察上層部の意見が対立したときは、総長、検事長、検事正が指揮監督権限を根拠に担当検事の事件を引き取って、自らの判断を通すか、あるいは他の検事に事件を配点する（担当として割り当てる）ルールになっている。もっとも、手続きが面倒なこのルールが使われることはほとんどなく、このルールをちらつかせて担当検事から事件を事実上、引き取ることが多い。

検事は「独任官庁」であることに誇りを持ち、辞めても弁護士になる道がある。例えば、黒川が特捜部長や副部長に、具体的な証拠のある事件で正面から「捜査をやめてくれないか」と頼んでも「検事総長に言ってくださいよ」とはねつけられるだけ。逆に、「あの野郎、政治家の手先になりやがった」と悪評をばらまかれるのがオチだ。

もっとも、証拠が完璧にそろい、起訴基準を十分に満たす事件はほんの一握りで、多くはその後の捜査で帰趨が決まる。そういう中で、特捜部長や副部長が「（検事の人事権を持つ）法務事務次官や検事総長になるかもしれない人だから」と忖度し、「証拠が薄い」とか「起訴基準に足りない」などと言って捜査の方向を変えることがないとはいえない。

ただ、その種の「捜査指揮」の話は必ずといってよいほど、前後して検察部内に広がり、外に滲み出してマスコミが知るところとなる。そういう環境で横紙破りをする「度胸」のある検察幹部は少ない。

当の黒川は、特捜事件の修羅場を幾度も経験し、こういう「捜査の機微」を熟知していた。甘利事件では、捜査の方向性にかかわる証拠や法律の判断は刑事局が主導していたことを見ると、黒川は、捜査の方向性よりも、摘発に伴う政治と検察のハレーションをいかに小さくするかに知恵を絞っていたのではないか、と思われる。

「指揮権発動」の論理

カネの授受が明らかな甘利事件について、政権が捜査を止めたい、と思っていたかは疑問だが、どうしても止めたいと思えば、方法はある。法務大臣にお出ましを願うのだ。検察庁法14条は「法務大臣は、個々の事件の取調又は処分については、検事総長のみを指揮することができる」と定める。法相は捜査に口は出さないのが原則だが、国政上支障があると判断したり、検察が暴走して国民が被害を受けると判断したりしたときは、法相が検察のトップである検事総長だけに捜査を止めるなどの指揮権を発動できるのだ。

黒川、林ら法務官僚は、法務大臣を補佐する役回りだ。政権＝法相の意を体して事件を止めようと思えば、大臣の名のもとに、検事総長に「やめろ」と言えばよいのだ。そして、総長が「もっともだ。やめておこう」と判断すれば、捜査は止まる。逆に、「やめる理由がない」と開き直ると、検察と法相・法務省の大喧嘩になる。

甘利事件で、当時の法相、岩城光英が検事総長の大野恒太郎に、捜査中止の指揮権を発動したとは寡聞にして聞かない。

甘利事件で、特捜部の政治資金規正法違反容疑での捜査の方針に異を唱え、あっせん利得処罰法違反の容疑に切り替えさせたのは、むしろ黒川と同期で「政治とは距離がある」とされている林が率いる刑事局だった。不起訴の判断にもかかわったとみられる。それは、純粋に法と証拠に基づく判断だったと思われる。

甘利事件で黒川について「政界に近い」「事件潰しをしたのではないか」などの風評が立つと、検察首脳らは「黒川が捜査を歪めたような事実は一度もない」とマスコミの取材に対し一斉に反論した。１９８０年代から90年代にかけて東京地検特捜部副部長、同特捜部長、同次席検事、同検事正として特捜検察を支えた石川達紘は、それらの議論そのものを一笑に付して、こう語った。

「法務省も最高検も、それぞれ、立場がある。上層部が捜査にあれこれ注文をつけるのは当たり前。それを乗り越え、捜査で、ぐうの音も出ないような証拠をそろえて摘発するのが特捜検事の仕事。ちょっと注文がついたぐらいで、へなへなとなるのは特捜検事ではない」

石川は98年の大蔵接待汚職事件などの捜査で実際にその状況を体験している。それについては、後で述べる。

検察情報の扱い

内閣の一員である法務大臣を支える法務官僚の仕事は、大臣が所管する刑事、民事、矯正、保護などの法務行政を円滑に進めることにある。また、「政府の法律家」として、政府の危機管理にも一定の役割を担う。

一方、政治腐敗を摘発する検察の捜査に対する政治の介入はご法度だ。それを防ぐのも法務官僚の重要な任務だ。それゆえ、国会運営などをスムーズに進めるために政治の側と検察の間に立って調整することが必要となる。

そのため、最前線に立つ法務省官房長や、官房長を指揮する事務次官は、国会審議中は、与野党の政治日程を睨みながら、与野党や検察の情報収集に余念がない。政権与党は、国会審議に影響する政界関係者の逮捕や関係先の捜索には気を使う。それで審議が止まることもあるからだ。

捜査権限のない法務省官僚が、検察の捜査情報を得て、それを法務行政に使うのは本来、筋違いだ。しかし、法務省には常に、検察の捜査情報が流れている実態がある。

多くの検事は法務省に情報を渡すのは百害あって一利なしと考えている。法務省からターゲットの政界関係者やマスコミに情報が流れると、証拠隠滅につながり捜査の支障になると考えるからだ。検察側が法務省に積極的に情報を開示するのは、法律論などで捜査が行き詰まって知恵を借りるときぐらいのものだ。

法務官僚の多くは、特捜検事経験者だ。親しい幹部検事から捜査状況や捜査方針の観測を非公式に聞くことはある。しかし、法務省として検察庁の捜査情報を使うためには、検事総長の了解がいる。

1979年のダグラス・グラマン事件で、法務省刑事局長だった伊藤栄樹《しげき》は、国会で詳細な捜査情報を開示して与野党議員の度肝を抜いた。「捜査中」を理由に、木で鼻をくったような昨今の刑事局長の国会答弁からは想像もつかない異例のパフォーマンスだった。

元防衛庁長官の松野頼三に5億円が流れていたが、いかんせん、松野がカネを受け取った時期が古く、収賄罪などは時効が完成していた。刑事事件としては、国民の期待に応える結果を出したと評価される76年のロッキード事件のような成果は得られない見通しとなった。そのため、国会を通じて国民にその事実を知らせ、また国会で事実と異なる証言をした関係者について偽証での告発を期待する狙いもあった。のちに検事総長となった伊藤は退官後、著書『検事総長の回想』（朝日文庫）でそう振り返った。

同書で伊藤はその異例のパフォーマンスに関して「検事総長以下の完全な理解を得、捜査中のすべての情報をありのまま提供し、その使い方は一切君に任せる（略）といってもらっていた」と述懐している。

伊藤に限らず、法務官僚による検察ゾーンからの情報入手については、検事総長以下が大枠で暗黙の了解を与えてきたと考えるべきだろう。検事総長や検察首脳の多くは、法務ゾーンで勤務した経験があり、官房長や刑事局長、事務次官らが国会運営と検察捜査をうまく調整する政界ロビーイングのために、一定の情報を持つ必要があることを承知しているからだ。

第2節　森友事件財務省ルート

財務省ルート捜査の消化不良

森友事件の概要については、第4章でも触れたが、財務省がからむ主要な2つのヤマ、国有地払い下げをめぐる背任、それにからむ公文書改竄は、いずれも検察にとって厄介な事件だった。「行政の当不当、適不適」に重心のある話だった。そういう問題について、個人の犯罪摘発を目的とする捜査が全容を解明するのは難しい。犯罪の嫌疑をかけられた人は下手にしゃべると、それがきっかけで訴追されるのではないか、と危惧し、不利になりそうなことは言わないでおこう、と考える。それゆえ検察が容疑を示して取り調べると、憲法や刑事訴訟法が認めている黙秘権を楯にかえって口が堅くなることが多いのだ。

2018年春、森友事件は国民的関心事になり、検察は捜査を投げ出すことも手を抜くこともできなかった。手抜き捜査で不起訴処分にすれば、検察審査会でそれがバレて、糾弾されるのは確実だったからだ。それもあって、大阪地検はシャカリキに捜査を進めていた。

当時、法務事務次官だった黒川は、事務次官会議などで、しょっちゅう顔を合わせる官房長官の菅や副長官の杉田が、安倍に直結する森友捜査に気を揉んでいることを百も承知だった。一方、黒川は検察の「起訴基準」も厳正に守らなければならなかった。その狭間で、黒川が菅や杉田とどのようなやりとりをしたのか、最高検幹部らとどのような会話をしたのかは定かではない。

結論からいうと、森友事件に対する検察の捜査は消化不良に終わった。国民の期待する真相解明にはいたらなかった。安倍政権に対する世論の不信感を解消するどころか逆にそれは強まり、「桜を見る会」問題へと続いていく。20年には、公文書の改竄にかかわり自殺した近畿財務局職員、赤木俊夫の妻が「夫に改竄を指示した」として、国と元財務省理財局長の佐川宣寿を相手取り、損害賠償を求めて提訴する事態となった。

国有財産処分をめぐる深い闇

本来、森友事件の財務省ルート問題、つまり、国有財産の処分をめぐる財務省職員らの背任疑惑とそれに関連する公文書改竄疑惑は、財務省が国家公務員法などにもとづいて事実を解明し、軽度の違反なら行政処分で済ませ、悪質な犯罪の疑いありと判断するものなら検察に告発して処罰を求めるのが筋だった。そして、財務省はその内容を適時、国民、国会に開示し説明する。それがあるべき姿だった。

ところが、肝心の財務省の調査は遅々として進まなかった。森友問題で国会とマスコミの集中砲火を浴びる中、財務事務次官の福田淳一が女性記者に対するセクハラ問題で辞任し、組織が浮き足だっていた。かつて官僚の中の官僚といわれた財務官僚の劣化は目を覆うばかりだった。

ちょっと長くなるが、事件を振り返りつつ、当時の黒川の行動と判断を検証する。

検察関係者によると、問題の国有地は、航空機騒音対策の一環として国が買い受けたもので、森友学園への売却話の前に一時、不法占拠され、占拠した業者が地中にゴミを投棄していたとの情報があった。近畿財務局の現場職員らもその情報を知っていた可能性があるという。

決裁文書には、不法占拠などの記載がないため事実関係は明らかでないが、検察関係者は、「近畿財務局では、同和を標榜する業者などがからむ不透明な資産処分がいくつかあったようだ。トラブルを恐れてそれらの取引は部内でも秘密扱いにされていたと聞いている」と語る。不法占拠問題についてもそれにならった可能性がある。

そこに土地の買い手として登場したのが森友学園だった。折衝が始まると、学園理事長の籠池泰典らは首相夫人の安倍昭恵や複数の政治家の名前を出し、買収前提で土地を賃借することなど次々と難しい要求をつきつけた。さらに、途中でゴミが埋められていることに気づくと、「騙された」と近畿財務局側に厳しいクレームをつけ、大幅に値引きして売却するよう求めた。

弱みを衝かれた近畿財務局職員は、ゴミの撤去は学園側が行うこととし、その撤去費を差し引いた額で売却に応じることにした。

土地管理を担当していた国交省大阪航空局が、当初見積もっていた国有地の売却額は9億5300万円だった。航空局は埋設されたゴミの調査をし、撤去費を6億7000万円と算定した。当初売却額からそれを差し引いた2億8000万円の支払いを森友学園から受け、後日、学園から瑕疵《かし》担保責任による損害賠償を求められたら、仮にその額が売却額より大きくなっても、予算措置を講じて学園側に支払うのが通常の行政ルールだった。

ところが、学園側から「小学校開校が遅れる」と強く責められた近畿財務局の職員は、上司に相談することなく、航空局職員と謀って、建物の下だけと想定していた埋設ゴミをグラウンドにまで拡大して撤去費を見積もることにした。ゴミの撤去費を8億2000万円と算定し、瑕疵担保責任を問わないことを条件に売却価格を1億3400万円にして学園側に売った。

瑕疵担保責任による賠償額は2億8000万円以上になるとの見方もあり、結果としてこの取引で国が損害を受けたと判断するのは困難だった。しかし、航空局と示し合わせて撤去費を事実上修正し、それが露見しないよう森友学園側と口裏合わせするなど手口は悪質だった。

国有地処分をめぐる財務省の二重構造

近畿財務局幹部や本省の理財局には事前に決裁文書が上がり、決裁を経ていたが、近畿財務局の担当者が、地中ゴミがないとみられるグラウンドにまで拡大してゴミの撤去費を見積もり、売却価格を大幅に値引きしていたことを近畿財務局や理財局幹部が知るのは、売却契約が終わったあとだった。背景には、国有財産の管理や処分をめぐる財務省の特殊な事情があった。

財務省ＯＢによると、財務省理財局は、財政投融資と国有財産を扱うが、国家の財政政策を担う財投部門は主にエリートのキャリア官僚が担当し、国有財産の処分に伴う折衝などの実務は、ベテラン官僚が担当する、という二重構造になっていた。

国有財産処分では、時に暴力団関係者や同和を標榜する団体などとも渡り合わねばならない。キャリア官僚を傷つけないため、そういう面倒な仕事はベテランに担当させてきたのだ。そういう仕事にたけたベテランは、その部署に長く留まり、職場環境と仕事の中身が閉鎖的になる。

「政治家の問い合わせは日常茶飯事。問題ある政治家案件は理財局長に耳打ちするが、多くはベテランの世界で完結する。今回の土地処分も、報道や国会で問題にならなければ、土地取引の不透明な中身は闇に葬られ、文書の改竄もなく、そこで終わっていただろう」とこのOBはいう。

近畿財務局の現場がこの土地払い下げで気にしたのは、首相夫人の介在や政治家の口利きだけではなかった。泥沼に入りそうな籠池との交渉からいかに脱出するかでも煩悶していたとみられる。検察も、そういう事情は承知していた。

検察は、その後に発覚した公用文書毀棄、虚偽公文書作成などについても、法律的には立件が困難だとみていたが、この現場職員にもし背任罪が成立するなら、公用文書毀棄などの容疑事実を「背任の故意を裏付ける要素」と位置付け、併せて虚偽公文書作成などで起訴できる可能性もあるのではないかと考え、その検討も行った。

理財局や近畿財務局の多数の職員が公用文書毀棄などで立件の検討対象になっており、払い下げを担当し背任の容疑がもたれた職員もその中に入っていたのである。

検察側には、現場職員だけを起訴すれば、財務省上層部のキャリア官僚をかばってスケープゴートにした、として非難されかねないとの危惧もあった。法務・検察幹部と財務省幹部は、予算、法案、国税当局の脱税告発などを通じ交流が深い。それは両組織では周知の事実だった。

財務省幹部らの焦り

黒川は、「軟着陸」、つまり、不起訴の方向に向けて動きつつあった最高検の判断を承知していたが、官邸にも財務省にも、刑事処分の見通しは一切教えなかったようだ。

大阪地検特捜部の近畿財務局職員らに対する取り調べは厳しく、財務省幹部は本気で起訴されると思っていた。「地検は起訴する気だ。大阪地検特捜部長の山本真千子は4月異動だったはずなのに残した。林が黒川に赤恥をかかせるため、上野と組んでやっているのではないか」などの怪情報が財務省内で流れ、財務省高官が法務省に問い合わせる騒ぎもあった。

「林」は名古屋高検検事長の林真琴。「上野」は、黒川や林と同期任官の大阪高検検事長の上野友慈を指す。林は法務事務次官確実と言われながら2018年1月、当時の法相、上川陽子に嫌われ名古屋に飛ばされたことは第4章で述べた。

山本の異動を遅らせたのは、「捜査中に異動させると、法務省や最高検が捜査を止めたなどあることないこと言われるのを避けるためだった」（法務省幹部）。財務官僚を起訴させるために山本を特捜部長に留め置いたわけではなく、もちろん、上野が黒川に含むところがあったためでもなかった。

財務省の検察に対する疑心暗鬼が生んだ空騒ぎではあったが、黒川と林の人事問題が、「法務・検察の内紛」と受け止められ、他省庁にも流布していることをはからずも示す結果となった。

改竄の真相

財務省は独自調査の結果、元理財局長の佐川の文書改竄へのかかわりについて「当該文書の位置づけ等を十分に把握しないまま、そうした記載のある文書を外に出すべきではなく、最低限の記載とすべきであると反応した。理財局長からはそれ以上具体的な指示はなかったものの、総務課長及び国有財産審理室長としては、理財局長の上記反応を受け、将来的に当該決裁文書の公表を求められる場合に備えて、記載を直す必要があると認識した」と認定した。

検察も同様の事実を認めたうえで、一連の文書改竄の「震源地」は、理財局総務課長の中村稔だとした。

国有地の格安売却疑惑が発覚し、部内調査で近畿財務局の現場が不透明な契約をしていたことも判明する中で、国会では野党による理財局幹部への厳しいヒアリングが続いていた。国会対策を担う中村は、佐川の国会答弁との整合性をとり、国有地処分の正当性を主張するため、財務省側のストーリーに合わせて、決裁文書を改竄、廃棄することを思いつく。中村から相談を受けた佐川は、行政文書の法的意味合いを深く考えず「外に出すのなら、こんなものは出せないんじゃないか」と発言したという。

中村は、それを口実に「局長の指示」があった、として近畿財務局の担当者らに文書の改竄、廃棄を指示するメールを送った。それが、財務省内に佐川の指示という話が拡散した原因だった。

検察はこうした事実を把握していた。マスコミや野党のやり玉に挙がっていた佐川について、部下の公文書の廃棄、改竄を止めなかった責任は重大だが、佐川ひとりが悪者にされるのは気の毒だと考えた。

結局、検察は、前の章でも触れたが、国有地払い下げに絡む背任容疑については「国が損害を受けたと判断するのは困難」とし、また、公文書の改竄などの容疑についても、「作成権限者の了解の下に作成したと認められ、交渉経緯などが削除されたことで事実に反する内容の文書になったとは認められない」などとして佐川ら告発された全員を不起訴とした。

財務省への「指導」と「協力」

検察は戦後のどさくさ時代こそ、財務省（旧大蔵省）に摘発のメスを入れたこともあったが、自民党の一党支配が完成し、日本経済が右肩上がりの成長軌道に乗ってからは、政治家の財務行政への過剰介入や地下経済の侵食に目を光らせ「大蔵（財務）支配体制」を支える事実上の用心棒となった。

脱税告発と予算査定を媒介に、強力な2つの官僚組織の幹部は非公式に定期的な会合をもち、そこに将来のリーダーとなる若手検事、大蔵キャリアを参加させ、重層的な人脈ネットワークを形成した。それは検察事務官やベテランの財務、国税職員にも広がった。

黒川や林、稲田らは若手検事時代からこのネットワークに組み込まれ、財務省に太いパイプを築いていた。1998年の大蔵接待汚職事件の摘発で大蔵省と検察の関係は一時険悪になったが、2000年代から修復が進んでいた。

森友事件の捜査で特捜部は密かに、財務省から捜査に必要な資料を押収。その中には、財務省の内部調査に必要な資料もあった。検察側は、財務省側に頼まれ、捜査に支障のない範囲で押収した資料のコピーをとらせたようだ。これは、違法ではない。黒川も当然、経緯は承知していたとみられる。

公文書事件不起訴の違和感

この検察の公文書改竄に対する不起訴判断には違和感が残った。

「公文書の改竄は起訴できる。1枚でも核心的な事実の記載を変えたら成立する。起訴しないと、検察に逆風が来る。黒川が官邸の意を受けて（事件を）潰したといわれる。私が（大阪地検の）検事正だったら、絶対やっている」

黒川と任官同期の元検事正は、公文書改竄が発覚して3週間ほどたったころ、こう語った。公文書は、健全な民主主義の根幹を支える国民共有の知的資源である。その公文書を毀損する行為は民主主義を踏みにじるのと同じで、公務員が最もやってはいけない行為だ。不起訴判断は、検察がそれを黙認することになる——とこの元検事正は考えたのだ。筆者もまったく同感だった。

ただ、黒川は、この公文書毀棄問題に関しては、最初から訴追対象にならない、というより訴追対象にすべき問題ではないと考えていたようだ。それは黒川個人の判断ではなく、法務・検察の伝統的な判断基準に由来するものであり、その点では最高検とも認識は一致していたようだ。

財務省の公文書改竄を不問にした判断には、検察を含めた日本の官僚機構を守るとの法務・検察の強い意思が働いたのではないか、と推測する。

日本の役人は概して、公文書は、税金を払い、職務権限を与えてくれた国民のものだという自覚に乏しい。公文書は作成した役所あるいは役人のものであり、公文書の中身、つまり行政が認定した事実を変えるようなものでなければ、内容を変更しても構わないと考える傾向がある。

財務省ほどではないにしろ、公文書の毀損、変造は、検察庁、法務省を含め多くの役所で行われている。財務官僚の事件を訴追してしまうと、あらゆる役所で告発が出て、収拾がつかなくなる、日本中の役所の業務がストップしてしまうと、国民に大きな迷惑をかける――と検察は考えたのではないか。

それに加え、検察は、供述調書という特殊な公文書を作成する。その調書の内容が事実と異なると裁判で判断されることは少なくない。裁判所が任意性や信用性がないとして調書を証拠から排除することもある。無罪となった村木厚子の事件で大阪地検が自らのストーリーに合わせて関係者から取った調書などはその典型だった。それらの調書は虚偽公文書ではないのか。時に耳にする、検察側による調書内容の差し替えなどは立派な改竄ではないのか。

森友事件の公文書改竄を訴追すると、ブーメランのように供述調書の問題を直撃し、検察や警察の捜査モデルが立ち行かなくなる、と考えた面もあるのではないか、と筆者は受け止めた。

いずれにしろ、公用文書毀棄、虚偽公文書作成などについて財務官僚を不起訴にした最高検の判断は、政治への忖度というより、むしろ、その是非は別にして、官僚機構の一員である検察が、官僚機構を護るという大命題のために下した判断だったのではないか、と筆者は考えている。黒川は、その検察の判断を尊重し、それを前提に、財務省が国民に対する説明責任を果たし本来の財務行政に復帰できるよう、財務職員の非違行為の事実調査や法律解釈などについて財務省幹部にアドバイスしていたとみられる。

第3節　検察の「起訴基準」

ＫＳＤ事件──架空党員事件潰し

検察の不起訴判断に違和感を持つことは、それ以前もあった。特に、政治と官僚機構がかかわる事件でそれを感じた。政治がらみでいえば、ＫＳＤ事件がそうだった。

東京地検特捜部は２００１年１月16日、労働政務次官だった参院議員の小山孝雄を、さらに３月１日、元労相で前自民党参院幹事長の村上正邦を、いずれも受託収賄容疑で相次いで逮捕した。

小山は、財団法人「ケーエスデー中小企業経営者福祉事業団」（本部・東京都、現あんしん財団）前理事長から外国人労働者の滞在期間延長などについて国会質問をするよう頼まれ現金２０００万円を受け取ったとされた。一方、村上は、前理事長が中小企業の後継者育成のために計画していた「ものつくり大学」（当時は職人大学）の設置の必要性について、参院で取り上げるよう前理事長に頼まれ代表質問。謝礼として現金５０００万円を受け取った、とされた。２人は起訴され、いずれも有罪が確定した。

ＫＳＤ事件の根は深かった。収賄事件とは別に、ＫＳＤは村上らの参院選比例区の名簿順位を上げるために架空の党員をでっち上げ、15億円余りを自民党に納入していた。特捜部が無作為に抽出したＫＳＤ関係の自民党員３００人余りを調査したところ、その大半が本人の了解を得ずに会員の名前を使ったり、実在しない人名を使ったりした「幽霊党員」だった。KSD側が架空党費納入で事実上議席を買った形だった。

特捜部は、本人以外の名義や匿名による政治献金を禁じた政治資金規正法の質的制限や、献金上限額1億円を上回る量的制限に違反する疑いが濃厚との見方を強め、摘発に執念を燃やした。

しかし、立件は見送られた。東京高検検事長の原田明夫が「党費の立て替えは、KSDだけではない。宗教団体や労働組合も全部やっている。直さなければいけない問題であることは明らかだが、捜査のメスを入れると収拾がつかなくなる」として東京地検に事実上、立件見送りを示唆したのだ。

当時の検事総長の北島敬介は、次期検事総長が確実とされた原田の「バランス感覚」を高く評価し、事件の捜査方針などでも原田の意見を尊重していた。原田は、6年にわたって法務省官房長、刑事局長、法務事務次官を歴任し永田町の表裏に通じていた。そして、党費立て替え疑惑に斬り込むことが自民党の逆鱗に触れることを知っていた。

政治資金規正法は仮名などでの政治献金を禁じ、その献金は国庫に帰属すると定めている。立件すると、KSDの架空党費はヤミ献金と認定され、自民党は架空党費を国庫に納付しなければならなくなる。

それもあって法務省は、党費疑惑を摘発すれば政界は与野党とも大混乱に陥る、として東京地検の幹部に立件を回避するよう促した。

法務省の幹部は「特捜部がどうしてもやる、というなら、検事総長に掛け合ってでも止めてもらう」と検察側にアナウンスしたとされる。先に述べた「指揮権発動」の「脅し」である。

結局、原田と法務省の意を忖度した東京地検検事正が特捜部を説得。立件見送りを納得させた。

原田の「起訴基準」

原田ら戦後の新憲法下で育った検察幹部たちは、戦前の検察が軍部と結びつき「帝人事件」など政治的な検察権行使で「ファッショ批判」を受けたことを重大に受け止め、同じ過ちを二度と繰り返さないと誓った。それゆえ国民の選んだ政治家を基本的に尊重し、特に、「政治の自由」と密接に関連する政治資金にかかわる事件の捜査では謙抑的な姿勢を貫いてきた。

架空党員疑惑の摘発を見送ったことについて原田は当時、「日本の政治の最底辺のところで間違っている。しかし、それは、政治を担う国会議員が立法で改善すべきテーマだ。検察が刑事事件として摘発するだけでは直せない」と筆者に語った。

原田らは、政権与党から頼まれて架空党員事件を潰したわけではなかった。政権与党に対する忖度はあったかもしれないが、それより、政権与党から野党、労組、宗教団体までからむ構造不正にメスを入れることで社会を混乱させ、検察が守ってきた戦後体制を揺るがすことを危惧し、それを回避することに腐心しているのだと筆者は受け止めた。

その戦後体制は、旧大蔵省を中心とする護送船団方式で維持されてきた。その中での検察の役割は、大蔵省の財政政策などに首を突っ込み利権漁りをする政治家に睨みを利かせ、悪質なものについては、検察の得意技である贈収賄や脱税事件として摘発することだった。

いわば、大蔵省中心の護送船団体制を維持するためのガス抜き。それ以上の働きを体制は期待しておらず、検察には、それに見合う人員と武器しか与えられていなかった。大蔵省の失墜で護送船団体制はすでに崩壊しかかっていたが、原田は、それでも、体制をできるだけ傷つけず、健全に保ちたいと考えていた。

そして、原田らは、検察の体力や装備では太刀打ちできそうもない構造的な宿痾は、検察権行使でなく、例えば、マスコミの調査報道でそれが国民に伝わり、国民が改革に立ち上がり政治を動かして、不正の温床が排除されるようになればいい、それが長い目で見て社会の安定につながると考えていたのだ。それが、原田の「起訴基準」だった。

ただ、筆者は、納得がいかなかった。それだと、腐敗構造に安住して甘い汁を吸う一部の政治権力に、お墨付きを与えてしまう。強制捜査権を持たない報道機関が不正のコアに到達できることはめったにない。架空党員問題は、ＫＳＤ事件摘発の関連で一部が報道されたことで自民党では表向き姿を消したが、同様の不正は、いまも形を変えて続いているとみられる。

自分の懐の痛む立法を企図する政治家は多くない。それゆえ、政治から独立した検察が不正を暴き、国民に知らせることに意味がある。そして国民の力で政治家を自己規制の立法に追い込む。それが本来の民主主義だと筆者は考える。

大蔵接待汚職

もうひとつ、官僚機構にからみ、検察の「起訴基準」をめぐって、法務省と検察が火花を散らした事件があった。これにも、原田がかかわっている。本書でも度々触れてきた1998年の大蔵官僚の接待汚職事件である。バブル崩壊に伴う金融機関の不良債権処理をめぐる金融失政の陰で、大蔵官僚は、監督下にある金融機関の接待漬けになっていた。

97年暮れ、東京地検特捜部は「飲食接待」を「賄賂」とみなして大蔵官僚を立件する準備を進めた。法務省刑事局長だった原田はこれを危惧した。

バブルの余韻で公務員に対する飲食接待は日本中に蔓延していた。検事でさえ先輩弁護士や国税職員らの接待を受けることがあった。そういう状況下で、金額の多寡はあっても、「検察に大蔵官僚を接待だけで訴追する正義はあるのか」という疑問があった。「犯罪は犯罪」と割り切るとしても、接待を賄賂として収賄罪を適用すると、「あれも収賄、これも収賄」となって収拾がつかなくなる。また官僚の中の官僚である大蔵省を「微罪」できつく咎めすぎると、官僚機構全体が活力を失うのではないか、との思いもあった。

刑事局長の原田は、任官同期で盟友でもあった東京地検検事正の石川達紘に、職務対価性が明白なもの、つまり、接待の見返りに職務を歪めたようなケースに摘発を絞り込むよう厳しく注文をつけた。

刑事局長は法相の一般的指揮権、個別的指揮権を補佐する立場にある。原田はそれを背景に、事実上の指揮権限を行使したのだ。

特捜部は98年1月、金融検査官らノンキャリアの大蔵官僚を逮捕した。抜き打ちの金融検査の日程を事前に金融機関に教えるなど職務を歪めたことが明白な事件だった。勢いづいた特捜部はさらに、「金融破綻の戦犯」とみられていた金融政策立案を担ったキャリア官僚の摘発を目指した。原田は焦った。

護送船団体制時代、政官業界の利害が絡む経済政策の企画立案を担当する大蔵キャリア官僚は、政界と業界の意見を汲み取って利害調整し、最適解を探し出してきた。役人としての直接の職務権限にはまる仕事ではなかった。原田は、そういうキャリアを立件すると捜査は無理をせざるを得なくなり、同時に、摘発の影響が大蔵官僚を中心とした日本の行政システムに予測できないほどの大きな影響を及ぼす恐れがあると心配したのだ。それを一概に否定することはできないと筆者は考える。

阻止の一計

原田はキャリア官僚の逮捕を阻止するため、一計を案じた。特捜部が別筋で内偵していた衆院議員、新井将敬の事件の摘発を優先するよう石川に求めたのだ。証券会社に対し不当に利益を要求したとされる容疑だった。金融検査官汚職を摘発した直後に、大蔵汚職の捜査は3月一杯を期限とする、との合意が法務省と検察側の間でできていた。新井事件を先に摘発すれば、そこに世間の注目は集まり、特捜部は余罪捜査で手を取られる。後回しになった大蔵キャリアルートは時間切れでうやむやになるだろう――と計算したのだ。

しかし、国会が全会一致で逮捕許諾を認めた１９９８年2月19日、新井は自殺した。黒川が、特捜検事としてこの事件を担当し、新井の妻の取り調べを担当したことは第1章で触れた。

石川と特捜部は、新井自殺で巻き起こった検察批判を払拭すべく、大蔵キャリアルート捜査のエンジンをふかし、3月5日、証券局の中堅キャリア官僚を飲食接待容疑で逮捕した。

このとき、特捜部は、原田や最高検に対し、このキャリアが証券会社から風俗接待を受けていた、つまり、飲食接待とは次元の異なる、現金供与と同等の悪質な利益供与を受けたとする裏付けのない情報を上げ、逮捕の了解を取った。

特捜部はキャリアを連行していきなり逮捕。その後の調べで風俗接待の事実はないことが判明した。キャリアは自らの財形貯蓄を取り崩して風俗通いをしていた。まず在宅で取り調べていれば、逮捕はできなかったとみられる。

「起訴を見送る選択もあった」（法務省幹部）が、特捜部は、このキャリアについて、同僚ら多数が参加する会合で証券会社などからの飲食接待を受けていた金額を積み上げて起訴した。原田らは、情報を上げてきた特捜部に騙されたと怒ったが、特捜検察のメンツを考慮して、起訴を容認した。ベテランの金融検査官について要求した「職務を歪める事実」の立証には目をつぶった。事実上の「起訴基準」の切り下げだった。

浮き足立った大蔵省は、キャリア官僚らの大量処分で事態を収束させようとしていたが、特捜部はさらに、別のキャリア官僚に手を伸ばそうとした。こちらは、現金提供と同等の悪質な付け回しも判明しており、事件的には「筋」がよかった。ところが、原田は検事総長の土肥《どひ》孝治《たかはる》らに対し「大蔵省の努力がすべて駄目になる。（立件は）絶対駄目です」などと強く説得。最終的に、特捜部は立件を見送った。なりふり構わぬ「捜査介入」だった。

原田が捜査に介入したのは、ときの橋本政権に指示されたり、忖度したりしたためではない。先にも触れたように大蔵省は、戦後日本の繁栄を支えた護送船団体制の中核を担い、検察は大蔵省と気脈を通じそのシステムを守るガードマン役を果たしてきた。原田は特捜部の捜査でその体制が崩壊することは国民の利益に反すると考えた。つまり、「体制の守護神」として行動したのだ。

結局、検察に土足で踏み込まれた大蔵省は国民の信頼をなくし力を失った。大蔵省の失権は護送船団体制の終焉を意味した。

当時の特捜部長だった熊崎勝彦は1998年6月、富山地検検事正に「栄転」したが、その後は東京地検次席や検事正というセンターラインには起用されず、2004年9月、最高検公安部長で退官。原田と対立した石川は、現場派検事たちが期待した最高検次長検事にはなれず、福岡高検検事長を経て01年11月、名古屋高検検事長で退官した。

黒川と林は、「原田 vs.石川＝特捜検察」の激突を目撃した。そして2人はこの大蔵接待汚職の直後、司法制度改革の要員として原田によって相次いで検察現場から法務省に引き上げられた。

原田は、無限の可能性を感じさせた2人に、ポスト護送船団体制の法務・検察を委ねた。検事総長を退官したあとも、「飲ませるから若いのを集めろ」と2人に声をかけ、16年12月に成立したIR法案については、黒川と林に「あの法案は駄目だ。絶対阻止すべきだ」と何度も〝意見〟した。17年4月、原田は急性白血病から肺炎を併発し77歳で死去した。

黒川の「起訴基準」

黒川ら検察幹部は、政治家がかかわる公職選挙法や政治資金規正法などに抵触する疑いのある事件を不起訴にするとき「起訴基準」という言葉をよく使う。普通、「起訴基準」は、脱税や収賄などを立件する際、その金額の多寡で悪性を判断し起訴・不起訴を決める数値的基準を意味する。起訴、不起訴の判断から恣意を排除し合理性と透明性を担保するためだ。

それは原田の時代も同じだった。ただ、原田が政治家や大蔵官僚の事件の不起訴処理を語るとき、「起訴基準」という言葉を口にしたのを筆者は聞いたことがない。原田の時代にはその言葉を使う必要がなかったのではないか、と今になって思う。

当時も今も検察は、不起訴事件について不起訴理由の詳細を説明する義務はないとされている。それゆえ、原田は「不起訴判断の正当性」を語るとき、あえて「起訴基準」に触れる必要がなかったのだ。

黒川の時代になると、様相が変わった。検察審査会の強制起訴制度の導入と、検察の説明責任に対する国民の視線の変化がその大きな要因である。

検察審査会は戦後に創設され長い歴史を持つが、従来は、検察の不起訴処分を不当と議決して検察に再捜査を求めても、議決に法的拘束力はなく、政界がからむような事件では、検察が不起訴判断を変えることはなかった。

検察審査会の強制起訴制度は、原田らが主導した司法制度改革で採用された。告発事件で検察が不起訴処分にした場合、検察審査会で起訴相当議決が2回出ると、被告発人は強制的に起訴され裁判を受けることになった。黒川が法務省大臣官房審議官を務めていた２００９年に運用が始まり、以来、黒川は法務・検察の幹部として強制起訴制度と向かい合ってきた。

この制度の導入で、検察は、告発事件でおざなりの捜査をできなくなった。合理性のない不起訴判断をして検察審査会で強制起訴になると、法廷でそれがバレてしまうからだ。政官界がからむ構造的な事件の不起訴には一層注目が集まった。

特捜検察の相次ぐ不祥事で検察の説明責任は格段に重くなっていた。それでも、検察の統治思想＝官僚による統治体制の護持を重視する考え方は、黒川や林の時代になっても、原田のそれと大きく変わらなかった。

見方によっては、起訴価値があり、起訴すれば有罪になる可能性のある事件を、体制護持のため、との理由で不起訴にする場合、不起訴理由を説明するのは難しい。検察としては「公益のための高度な政治判断」としか言いようがないが、それは「法と証拠に基づく判断」を旨とする検察として口が裂けても言えない。

最低限、検察審査会の審査に耐える不起訴理由を、法律解釈と証拠評価で作り出さねばならなかった。それが、黒川ら近年の検察幹部がいう「起訴基準」なのではないか。検察審査会が不起訴を容認すれば、国民が検察の判断に納得したということになる。そして、それらの判断理由は、検察の中では「先例」として積み重なっていく。

それでも、ときに、合理性に欠け、無理筋としか受け止められない判断がある。森友事件の公文書改竄事件の不起訴などは、まさにそのケースだったと筆者は考えている。

黒川ら検察幹部が使う「起訴基準」という言葉には、そういう検察が抱える構造的な問題が凝縮しているようにも思う。ただ、その「起訴基準」そのものが、現実に合わなくなった場合、例えば、不透明な違法行為が蔓延し、有権者＝国民に直接、間接に不利益を与えていながら、与野党とも改めようとする機運が起きないような場合、検察は、国民の利益の観点から事件を見直し、摘発に踏み出すべきではないか。

たとえ、それが、官僚機構、あるいは体制護持の思想に抵触するものであろうとも一歩踏み出すべきである。まさに、それこそ検察が国民から期待されていることだと筆者は思う。その思いは当時も今も変わらない。

「政権の守護神」か「体制の守護神」か

黒川が「官邸の守護神」と呼ばれてきたことに話を戻す。

これまで述べてきた「体制の守護神」と「官邸の守護神」は、重なるところもあるが、まったく違うところもある。「体制」と「官邸＝政権」は別物だからだ。

「起訴基準」とも密接にかかわるが、検察が政界に対する検察権行使に踏み切るとき、法務官僚は、それが証拠上、法律上、無理筋の「暴走」だと判断すれば、全力を挙げて止めなければならない。「暴走」はターゲットの政治家だけでなく、検察自体を傷つけ、検察が機能しなくなることで万人を不幸にするからだ。戦前の帝人事件や大阪地検の村木事件などがこれに当たる。

逆に、法と証拠にもとづき多くの人が納得する「正しい検察権行使」と判断したときは、政権与党に対し、検察の捜査に協力するよう説得しなければならない。そのとき、法務官僚は「政権の守護神」より「体制の守護神」としての行動を国民から求められるのだ。

黒川が、検察マター以外で政権にとって代えがたい「守護神」だったことは見落とせない。国会審議の機微に通じ、沖縄、原発問題から、安保法、共謀罪法など政府の重要政策で与野党のロビーイングを行い、成果を上げてきた。政官業界に幅広い人脈を持ち、法律全般に強い。いわば、政権にとって、米国型企業が経営判断などで重用するゼネラル・カウンセルの弁護士のような存在だった。

省庁幹部からの個別の危機管理の相談にも応じた。それがまた、一層、黒川の「危機管埋資産」を膨らませた。国家が原告や被告になる訴訟を取り仕切り、最高裁とも太いパイプがあった。それらが政権運営にとって大きな助けになったことは間違いあるまい。まぎれもない「守護神」だった。ただ、それはあくまで行政上の危機管理であり、検察権行使にかかわるものではなかった。

２０１０年の大阪地検特捜部の証拠改竄事件発覚以降の法務・検察は、相対的に政治に対して弱い立場だった。検察組織と刑事手続きを抜本的に改革することを国民から求められたが、政権与党の協力なしにその実現は不可能だった。

黒川は、法務・検察首脳から政界対策を委ねられ、身を粉にして政治家たちを回った。その結果、増えたのは「検察ファン」ではなく「黒川ファン」だった。

政治家は相手の立場に気を遣うような品格のある人士ばかりではない。親しくなれば、「事件はどうなる」と露骨に聞いてくる。黒川は、調子を合わせて、漠然としたリップサービスはするが、捜査の中身は教えない。それでも相手は、なんとなくわかったようなつもりになる。

元建設相の亀井静香は、黒川を「誰彼構わず相手の懐に入る男だ。政権に評価されたのは、その距離感の巧みさゆえだろう。（略）政治家も『こいつは話せる』と錯覚してしまう」（「週刊現代」20年6月27日号、「亀井静香の政界交差点」）と評した。さすがに、よく見ている。

黒川は、原田に代表される伝統の「起訴基準＝検察権の謙抑的運用」を継承する立場だった。検察ゾーンの仲間（検察幹部）と意を通じて、個別事件の捜査や起訴判断でも、従来の「起訴基準」が貫徹されるよう努めてきた。

甘利、森友事件の結論は、そうして導き出された。仮に、政権与党に配慮した点があったとしても、それは付録でしかない。あくまで、検察の統治思想にもとづく「起訴基準」を守る戦いだったとみられる。政界と距離があるとされる林が検事総長になっても、この検察の「起訴基準」が大きく変わるわけではない。

ただ、検察の「起訴基準」が常に正しいとは限らない。「起訴基準」が時代、社会のニーズにフィットしていなければ、逆に、害になる。既得権益を守ることになり、社会を旧弊に縛り付けることになる。

第6章　苦肉の策

2020年7月に退任した稲田伸夫前検事総長　共同通信社

第1節 「官邸の仕掛け」は失敗

仕掛け人は法務大臣

検事総長人事の話に戻る。

東京高検検事長の黒川が、検事の定年である63歳を迎えるまであと半年余りとなった2019年夏、官邸側は次期検事総長人事について「何も決めていない」と繰り返す法務事務次官の辻裕教に業を煮やし、黒川総長実現に向けて何やら仕掛けようとしている気配があった。

安倍内閣は19年9月11日の内閣改造で、法相を山下貴司から河井克行に代えた。

筆者は、安倍、菅の側近とされた河井の法相起用が、その「仕掛け」だったのではないか、と受け止めている。

永田町や霞が関では、河井の法相起用は、安倍、菅の肝いりといわれた。河井は07年の第1次安倍内閣と、続く福田康夫内閣で計約1年間、法務副大臣を務めており、法務・検察に「土地勘」があった。しかし、法務省内で河井の評判はよくなかった。むしろ、悪評芬々だったといってもよい。

12年前の法務副大臣時代の河井には、法務省内で女性記者らに対するセクハラ疑惑が取り沙汰され、検事や事務官へのパワハラ疑惑もあった。法務官僚たちの記憶は薄れていなかった。さらに、河井本人や県会議員だった妻の政治団体を舞台にした政治資金疑惑もささやかれていた。法相に起用してマスコミの目が集まると、スキャンダルが次々に噴き出す可能性があったのだ。

河井もそういう法務省内の受け止めを知っていたのか、大臣として登庁した初会見では「令和の新しい時代にふさわしい法務行政の実現に全力を尽くす」と殊勝に語った。

新大臣への質問が恒例となっている「検察庁に対する指揮権に関しての考え」を問われると、「指揮権の行使については、検察権が行政権に属することによる法務大臣の責任と、検察権の独立性確保の要請との調和を図るという検察庁法第14条の趣旨に鑑み、検察権の不当な制約とならないよう、極めて慎重に対応する必要があるものと考えています」と述べた。

「人事指揮権発動」を警戒

「菅や杉田は、河井を使って、黒川を稲田の後継に指名させようと企んでいる。河井に対しては、(法務事務次官の)辻以下が副大臣時代の印象で腹に一物持っているが、河井は、強権体質。官邸の指示だから、と強引に事を進める可能性がある。そうなると、(検事総長の)稲田や辻が総長人事への政治介入だと反発し大問題になる。きっと、そうなる」

河井の法相就任が決まった直後、法務省幹部はこう心配した。別の官邸筋はのちに、「河井は、黒川を総長にするために送り込んだ、と安倍首相の側近から聞いた」と証言した。一方、法務省幹部が「仕掛け人」の一人と疑った官房長官の菅については、別の見方もある。菅と親しいジャーナリストによると、菅は河井の辞職後、「河井の法相起用は総理の人事。自分が押し込んだわけではない」と話したという。

それはさておき、法務大臣は、検事総長を含む検事長以上の検察幹部の任命について、閣議決定を得るため閣議の議題とすることを求める。事務方トップの法務事務次官が、それらの人事について検事総長の了承を得て法相に閣議請議をお願いするのが普通の手順だが、理屈の上では、法相が人事を決めることも可能だ。いわゆる「人事指揮権」の発動だ。

当の河井や官邸側が本当にそう考えていたのかは不明だが、おそらくその時点で法務・検察側、つまり、検事総長の稲田や黒川、辻らも、「河井の役割」に関する情報を共有し、人事に口出しすることを心配していたとみられる。

もし、そうなれば、世論や野党は、政治による検事総長人事への介入、と受け止め、政権を揺るがす騒動になることが予想された。捜査だろうと、人事だろうと、組織として「(法相による)指揮権の発動」は何としても避けなければならない、と彼らは考えた。それには法務・検察が結束して一枚岩になる必要があった。

検察の逆襲

しかし、「人事指揮権」は発動されなかった。河井があっという間に失脚したからだ。「文春オンライン」が、妻の案里の選挙事務所が2019年7月の参院選でいわゆるウグイス嬢の運動員13人に、日当として法定上限の1万5000円を超す3万円を支払った疑いがあると報道したのは10月30日。記事では、河井は事実上この選挙を取り仕切ったとされた。事実なら、明白な公選法違反だった。

河井は、「私も妻も全くあずかり知らない」と弁明したが、「事実確認や調査の間、国民の法務行政への信頼は停止してしまう。法務行政への国民の信頼が損なわれてしまってはいけない」として翌31日、さっさと辞表を提出し辞職した。法相在任わずか50日だった。

このあと、河井は、公選法違反容疑で検察の追及を受けることになるが、検察関係者によると、検察首脳の中でことさら、河井追及に熱心だったのが検事総長の稲田だった。

河井の法相辞職後、ウグイス嬢に対する法定外報酬だけでなく、多数の地元議員らに現金を配った事実も判明。法相まで務めた有力国会議員による悪質買収事件であり、検察が厳しく追及するのは当たり前だが、稲田らには「人事指揮権」を発動しかけた政権と河井に対する「意趣返し」の思いもあった、とみるのは穿ちすぎだろうか。

河井の辞職に伴い、自民党参院議員の森雅子が急遽、法相に起用された。森は弁護士登録後に金融庁入りして貸金業規制法関連の法整備を担当し、その後07年7月、自民党公認で参院福島選挙区から出馬して3回連続当選。第2次安倍内閣で、消費者・食品安全などの特命担当大臣を務めた。法務省側が疑った「河井のミッション」を引き継いでいたかどうかは定かではない。

大臣交代の影響で、検事総長人事の策定は遅れた。河井辞職の時点で黒川の20年2月7日の定年まで3カ月と7日を残すだけとなった。

第2節 「辻の奔走」と「稲田の抵抗」

「黒川外し」のアピール

稲田は、河井失脚で官邸がそれ以上の無理はすまいと考えたのか、2020年4月に京都で開く国連犯罪防止刑事司法会議（京都コングレス）で主催国の検事総長として挨拶するのを花道に退官したい、との意向を積極的に法務・検察部内で公言するようになった。

黒川の定年は2月。それを過ぎる4月まで辞めるつもりはないから、黒川の後継起用は無理ですよ、とアピールする狙いである。稲田が4月のコングレスを花道にしたいという話は当然、官邸に伝わる。稲田はそれを計算していたとみられる。

コングレスは5年ごとに開かれ、日本での開催は1970年以来で50年ぶりだった。世界約150カ国から法相や検事総長級が集う。もっとも、そのコングレスは、新型コロナウイルスの感染拡大を受けて2020年3月21日、開催を当面延期することが決まり、稲田のコングレスで挨拶したいという希望はついえる。

稲田は、後継人事について明言はしなかったが、稲田周辺は、黒川を20年1月上旬に退官させ、その後任に、次期検事総長含みで林をもってくる意向だと受け止めていた。

「次期検事総長は林で決まり」との情報が検察内外に広まった。最高検の事務局幹部が検察事務官の幹部人事の相談をしたとか、気の早い検察担当記者が「お祝い」で名古屋に出向き、林と祝杯をあげた、との話も流れた。林は慎重な性格だ。官邸にもコネクションがある。仮に、稲田が「後継」を示唆したとしても、その実現可能性が高いと判断しない限り、記者と祝杯をあげたり人事の相談などを受けたりするはずがない。

官邸筋によると、杉田らは、記者の名古屋詣での話を聞いて激怒したという。稲田が官邸の意向を無視し、マスコミを使って次期総長を林にするための環境づくりを進めているのではないか、つまり、官邸に挑戦しようとしているのではないか、と受け止めたのだ。

稲田の退官勧奨への転換と難航

法務事務次官の辻は、官邸が2019年夏の時点で最終的に次期検事総長に黒川を充てる方針、つまり、林は少なくとも稲田の後継の検事総長にしないとの方針を固めた、と認識していた。

皇室で行われる大嘗祭の中心的祭事「大嘗宮の儀」が11月15日に終わるのを待って辻は、次期検事総長人事の相談で官邸を訪ね、意向を探った。やはり、官邸側は、黒川検事総長を強く望んだ。辻は人事課長の濱克彦ら法務省幹部と相談し、最終的に黒川を次期検事総長に起用することを決めたとみられる。

黒川検事総長誕生となると、稲田は任期を1年半残して退任しなければならないが、法務・検察関係者によると、辻らは、16年夏の黒川の法務事務次官起用をめぐる問題以来の法務省と官邸の折衝を検証し、事務次官、検事総長としての稲田の人事判断などに疑問を持つようになっていたという。

先の検察OBの重鎮は辻らの方針をこう分析した。

「辻ら法務省幹部は、林の起用が難しいとなると、判断が不安定な稲田があと1年半以上も総長を続けることになる。官邸の意向もあるが、それでは検察が危ういと考えたのではないか。それなら黒川に委ねた方がいい、と」

そして、法務・検察の人事に通じた別の元検察首脳によると、辻は、その方針に従い、19年12月ごろ、黒川が63歳の定年を迎える前の20年1月中に稲田が勇退し、黒川に検事総長の椅子を譲る構想をまとめた。稲田や黒川もそれに異議を唱えなかったという。黒川は、何度も、杉田ら官邸側には、検事総長にはなりたくない、と希望を伝えたようだが、逆に説得され、最後は辻ら後輩にも懇願されて断り切れなかったとみられる。辻は、その構想を文書にし、検察の総意として法相の森雅子に見せ、了解を得たという。その人事構想は官邸にも伝わったとみられる。

ところが、辻が正式に閣議にかける人事案をまとめるべく、稲田の最終的な了承を求めたところ、稲田は勇退を渋った。黒川が1月中に検事総長になると、稲田は検事総長在任1年半で退任することになる。それでは、やはり短すぎると考えたのか、それとも、そもそも政治の側に促されて辞めることを潔しとしなかったのか。

辻は稲田に説得を重ねたが、稲田は頑として応じなかった。

稲田には説得を拒否できる強力な根拠があった。検察庁法25条は、検事総長を含む検察官について、定年と懲戒処分、心身の故障などがない限り、「その意思に反して、その官を失うことはない」と定めている。検事総長は定年の満65歳まで退官を拒否できるのだ。検事長以下の検事の定年は満63歳。逆に、検事総長の「眼鏡」にかなわない後継候補は、63歳という定年の壁に阻まれ、無念のうちに検察を去ることになるのだ。

稲田はこの規定を理由に、強気に出ることができたのだ。

1956年8月14日生まれの稲田の65歳の定年である21年8月13日まで、まだ1年9カ月もある。稲田は心身ともに健康で、懲戒処分を受けるような話もない。客観的には辞めさせられる理由は何もなかったのだ。

辻は粘り強く稲田を説得したが、稲田にはまったく応じる気配がなかった。法務省筋によると、辻はその責任を取るかたちで一時、辞意を周囲に漏らしたという。

吉永vs.根来の再現

過去にも、似たようなケースがあった。

1993年12月から96年1月まで検事総長を務めた吉永祐介は、法務省が求める東京高検検事長の根来泰周《ねごろやすちか》への禅譲を拒否し根来をそのまま退官させた。

吉永は東京地検特捜部副部長として76年にロッキード事件を、同地検検事正として89年にリクルート事件を摘発した「検察現場派」のエース。検察ナンバー3の大阪高検検事長で退官するとみられていたが、92年の金丸信元自民党副総裁に対する闇献金事件捜査をめぐり世論の批判を浴びた検察の失地回復のため、ピンチヒッターとして検事総長に起用された。

根来は人事課長などを経て官房長、刑事局長、法務事務次官のエリートコースを歩んだ、いわゆる「赤煉瓦派」の代表だった。ちなみに「赤煉瓦」とは、法務省の旧庁舎を指す。明治政府の官庁集中化で建てられ唯一残った建物で、国の重要文化財に指定されている。根来は、政界ロビーイングを通じ、自民党の有力者、梶山静六・元幹事長らと親密という風評があった。

現場派の吉永は、そういう根来を嫌っていた。さらに、吉永と東京高検検事長になった根来との間には、ゼネコンからの斡旋収賄の罪に問われた元建設相の中村喜四郎に対する捜査方針などをめぐり、確執があった。

斡旋収賄罪一本での起訴を主張する吉永に対し、東京地検次席検事の石川達紘や特捜部長の宗像紀夫、副部長の熊崎勝彦らは、受託収賄罪も併せて起訴すべき、と主張した。根来は石川らを応援したのである。

根来は法律に強く、大阪地検特捜部検事時代の67年、大阪タクシー汚職事件の捜査では、政治家の職務権限を広くとらえる「職務密接関連行為論」による構成を考案し、政治家の摘発につなげたアイデアマンでもあった。

大阪高検検事長で退官予定だった吉永は、当時の検事総長の岡村泰孝から、検事総長含みで東京高検検事長への異動の内示を受ける際、「根来を後継に」との要請を受け、「わかった」と答えたという。しかし、その事実を知る法務省事務方から、根来の63歳の誕生日前に勇退するよう再三、要請されても吉永は応じなかった。検察庁法25条を根拠に拒否したのだ。結局、吉永の後継には同じ現場派の土肥孝治が起用された。

もっとも、法務省関係者によると、法務省の事務方の後継人事案を拒否したのは吉永だけで、歴代の検事総長は法務省の人事案を受け入れてきた。

「吉永—根来」問題が起きた背景には、「現場派」と「赤煉瓦派」の構造的な対立という要素があった。法務・検察の組織文化は当時とは変わったが、あえて分類すれば、稲田も林も、黒川も同じ「赤煉瓦派」。今回はまさに「政治」と「法務・検察」が正面衝突する図式だった。

介入か忖度か

経緯はどうあれ、検事総長人事が、政治の側の意向によって決まろうとしていた。法務・検察の大勢は、政治と距離を置く林が検事総長になることを望んでいたが、辻たちは、法務・検察部内の「声」より、官邸の意向を尊重した。政治の介入に対する「最後の砦」である検事総長の稲田も、元検察首脳の証言では、いったんは政治の側の要求を受け入れた。

2017年夏、刑事局長だった林は「検察人事のメカニズムをよく知っている奴が、数年かけて仕掛けて来ていたら、抵抗のしようがない」と周辺関係者に語った。元首脳の証言通りなら、それが現実になった形だった。

もっとも、政治の側からすると、これは「本来の姿に戻った」ということになる。重要なポイントなので、繰り返しになるが、もう一度、政治と検察の関係を整理しておく。

検察官は司法官としての側面を持つため、三権分立で保護される裁判官に準じて政治や行政からの独立が認められている。検察官については定年を定め、任免規定を厳格に定めるなど手厚い身分保障で保護している。

しかし、検察庁法は、認証官である検事総長や検事長の任命権は内閣にあると定める。検事や事務官の人事権も法相を通じて内閣が握っている。制度上、法務・検察は常に、人事の上で政治のチェックを受ける関係にあるのだ。

ただ、国民は、そういう制約のある検察に、政治腐敗の摘発を期待している。それゆえ、野党やマスコミは、政治が恣意的に検察首脳人事を行わないよう、厳しくチェックすることを国民から求められてきた。そのチェックが十分だったかどうか怪しいところもあるが、少なくとも国民の視線を意識する政治の側は、法務・検察の人事については、これまで謙抑的に対応してきた。それが「人事不介入」の現実だった。

検察庁法14条が「法務大臣は、検察官を一般に指揮監督することができる。但し、個々の事件の取調又は処分については、検事総長のみを指揮することができる」と定めることは前に述べた。「個々の事件の取り調べや起訴、不起訴の処分」の指揮については、法相は、検事総長を指揮できるだけで、現場の検事を直接指揮することはできない。政治の側から不当な捜査介入などがあった場合には、検事総長が楯になって政治の側と対峙することにしているのだ。

元検事総長の伊藤栄樹は1986年に出版した『新版　検察庁法　逐条解説』（良書普及会）で、法相による指揮権発動があったとき検事総長はどう対処すべきか、について、「（法相と検事総長の）両者の意見が食い違った極限的な場合に、検事総長の識見と判断にゆだねられるというほかはない。ここから先は14条の解釈論の枠外にあるというべきである」と記した。

要は、検事総長の腹次第。この伊藤の記述が、その後、事件捜査などで政治と対峙するときの検察側のスタンスのベースとなり今に至る。

検事総長の人事に対する介入は、この捜査介入と一緒ではないが、同じ程度に重大だ。「検察権行使の独立」と「人事の独立」はもろに絡み合っているからだ。実際、検事総長がその気になれば、意に沿わない現場の逮捕方針を退け、また起訴を見送ることができる。

では、検事総長である稲田は、官邸側の「後継総長は林では駄目。黒川で」との意向を受けた辻から「黒川を検事総長にするので辞めてくれ」と言われたとき、どうすべきだったのか。

結論からいえば、受け入れてはいけなかった。明確に拒絶の意思表示をすべきだった。ただ、それは簡単なことではない。法と証拠によってシロクロが決着する個々の事件をめぐる指揮権発動なら、「無理筋」と判断すれば法相の指揮に抵抗し、尻をまくって事実を公表し、世論に訴え、国民の判断を求めることもできたであろう。

しかし、人の評価にかかわる人事は、シロクロをつけにくい。稲田が、後任の総長は林が適任で、政界の求める黒川は不適当と思っていても、国民に対し説得力のある説明はしづらい。真意は不明だが、稲田としては、官邸の要求をいったん受け入れてはみたものの、やはり、自分の意に沿う後継者でない黒川には譲れない、あるいは、介入に屈してはいけない、と思い直し、総長の椅子に居座ることで消極的抵抗を続けた、ということだったのかもしれない。

IR汚職事件

2019年暮れ、ちょうど、東京地検特捜部が内偵していたIRをめぐる政界汚職に対する捜査が煮詰まりつつあった。

特捜部は12月7、8日、IRへの参入を検討していた中国企業の関係者が不正に多額の現金を日本国内に持ち込んだとされる外国為替及び外国貿易法（外為法）違反容疑で、元内閣府副大臣でIR担当だった自民党衆院議員、秋元司の元秘書の関係先を捜索。19日には秋元の議員会館の事務所などを捜索し秋元本人から事情聴取した。「久々の政界汚職の摘発か」とマスコミの関心は高まった。

IRは、カジノのほか、国際会議場やホテルなどを一体的に備えた施設をいう。インバウンド拡大を目指す安倍政権の看板政策のひとつで、16年に「カジノ解禁法」、18年に「カジノ実施法」が成立していた。

21年に自治体が国へ計画を申請し、全国に最大3カ所つくられる予定で、横浜市や大阪府・市などが誘致を目指し、海外企業を中心に自治体への営業活動が活発に展開されていた。20年の東京五輪・パラリンピック（コロナ禍で21年に延期）後の観光ビジネスの「起爆剤」になるとの期待がある一方で、ギャンブル依存症を招くとの懸念も指摘されていた。

「稲田さん、こういう事件をやっているから辞めないぞ、という状況にはもってきたね。看板政策がらみの贈収賄だから政権のダメージは大きい。『桜を見る会』問題は、どこまで追及したって『知らない』で終わりだけど、事件になるとそうはいかないからね」

検察幹部はこう語った。

国会では、政府主催の「桜を見る会」前夜の夕食会参加者に飲食代を提供したことが、公選法違反（寄付行為）などに当たるのではないか、と首相の安倍が攻め立てられていた。

黒川は、東京高検検事長としてＩＲ事件に対する特捜部の捜査を積極的に支えた。黒川自身にとっても、特捜検事時代の１９９８年に手掛けた中島洋次郎事件以来の政界捜査だった。中島事件については第2章で紹介した。

黒川は、特捜部が求める捜索や関係者の事情聴取などを鷹揚に認める一方、証拠や法律解釈に遺漏がないかを細かくチェックした。特捜部はピッチをあげ、12月25日、秋元を収賄容疑で逮捕した。

現職国会議員の逮捕は、２０１０年1月、衆院議員の石川知裕の政治資金規正法違反（虚偽記載）までさかのぼる。さらに、大臣（副大臣）の職務にかかわる収賄罪の適用となると、02年6月、北海道開発庁長官（97－98年）の鈴木宗男以来17年ぶりだった。

秋元は一貫して容疑を否認したが、計約７６０万円相当の賄賂を受け取った収賄の罪で起訴された。秋元は保釈後、知人を通じ贈賄側の業者に偽証を求め、その報酬として現金を渡そうとしたとして証人買収容疑で8月20日、特捜部が再逮捕。9月17日、この容疑でも起訴された。

証人買収罪は、林が刑事局長時代の17年に成立に骨を折った共謀罪法案の一環で導入された。秋元らはその適用第1号となった。

官邸の本音

なぜ官邸が黒川検事総長にこだわるのか、黒川自身がよくわかっていなかった。秋元逮捕の夜、黒川は周辺関係者にこう語った。

「官邸は俺に何をしてほしいのか。4選かどうか別にして安倍＝菅ラインがしばらくこの国の統治機構を司るのは間違いない。北村（滋・国家安全保障局長）、今井（尚哉・首相補佐官兼秘書官、その後、菅政権で内閣官房参与）のように、統治の手駒として俺を必要と思っているのか。法務事務次官ならまだわからなくもないが、検察では（俺を）使えない。それを知っているから、IR事件は看板政策に泥を塗る話だが、俺にはもちろん、法務省にもまったく何も言ってこなかった」

確かに、官邸は、秋元には冷淡だった。3回当選の「陣笠」議員。しかも実質的にIRの許可などに関与できる立場でなかったことから、政権運営のダメージは小さいとみて切り捨てたのか。安倍らの関心は、むしろ国会で焦点となっていた「桜を見る会」問題をどう乗り切るか、にあるように見えた。

官邸筋によると、このころの官邸では、特に官房副長官の杉田の「黒川を検事総長にしたい」という意欲が強かったという。杉田と親しいジャーナリストによると、「なぜ、黒川なのか」と問うこのジャーナリストに対し、杉田は「あいつは、誤解されている。長く法務省の官房長、次官をやったことで政治に近いと誤解された。難しい法案、特に共謀罪法案などを通すため汗をかいた。そういう人は処遇しなければ」と語ったという。検察幹部によると、黒川は杉田に何度も

「検事総長はやりたくない」と断っていたという。しかし杉田は応じなかった。菅や杉田は、あとに引くつもりがなかった。官邸筋は以下のように状況を分析した。

「杉田らは稲田を甘くみていた。検事総長だって役人だ、人事権者に逆らって居座れば、変な奴となって、法務・検察の組織の内外で信頼を失うから、言うことを聞くだろう、と気楽に構えていた。ところが、予想外に稲田が抵抗したため意固地になった。稲田も同様だ。官邸がここまで強く出るとは思っていなかった。互いに引けなくなったのではないか」

人事異動の当事者である黒川や林とは関係のないところで、あまり生産的とはいえない「官邸vs.検事総長」のチキンゲームが展開されていた。

ゴーン逃亡

そのさなかの2019年12月31日、検察や裁判所を揺るがす事件が発覚した。会社法違反（特別背任）などの罪で起訴された前日産自動車会長のカルロス・ゴーンが、国籍を持つレバノンに逃亡したことがわかったのだ。ゴーンは同日、「私はレバノンにいる」との声明を発表。日本の司法制度を強く批判し、「不正と政治的な迫害から逃れた」と逃亡を正当化した。

検察関係者によると、帽子とマスクで顔を隠したゴーンが、保釈中の住居と定められた東京都港区の住宅を1人で出たのは12月29日午後2時半ごろだった。六本木のホテルで米国籍の男2人と合流し、その後、新幹線で大阪に移動。関西空港近くのホテルに入った。

ゴーンは男たちが用意した楽器の収納箱の中に隠れて空港まで移動。同空港第2ターミナルのプライベートジェット専用ゲートの出国検査をかい潜り、用意したプライベートジェット機で同空港を飛び立った。トルコ・イスタンブールで男たちと別れ、別の小型のビジネスジェット機に乗り換え翌30日にレバノンに到着した、とされている。

この逃亡劇には戦闘地域で拘束された人質の救出経験を持つ米陸軍特殊部隊（グリーンベレー）の元隊員を含む十数人のチームがかかわったという。

重要事件の被告人にまんまと海外逃亡される前代未聞の失態だった。正月早々、検察は上を下への大騒ぎとなった。特捜部を指揮するラインにいる東京高検検事長の黒川も検事総長の稲田も、ゴーンの身柄確保のための法務省、外務省との折衝、対外的な説明準備などで追い回されることになった。

結局、ゴーン事件は、主役のゴーンが不在のまま、共犯として金融商品取引法違反（有価証券報告書虚偽記載）の罪に問われた元日産代表取締役のグレッグ・ケリーと、会社としての日産自動車の公判が20年9月15日、東京地裁で始まった。

職員も気が気でない

正月になっても、稲田は、出張などを理由に法務事務次官の辻と会うのを避けていた。検察幹部によると、稲田は2020年1月初めに配信された検察庁内のメールマガジンの年頭挨拶で「京都コングレスの成功のために貢献していきたい」と決意表明していたという。多くの検察関係者は、稲田が黒川への検事総長継承は考えていないと受け止めた。

人事の水面下の動きを知らされていない大多数の検事や検察事務官らも、次第に、検察首脳人事に何か異変が起きていることに気づいた。本来なら、黒川と林の異動は19年12月17日の閣議で決まるはずだったが、見送られた。そして23日の閣議が承認した1月9日付の法務・検察の人事異動にも、目玉の黒川と林の名前はなかった。

19年12月中旬、定年まで2カ月を切った黒川について東京高検事務局は年金や退職金の計算を始め、黒川のもとには送別会含みの会合の申し出が殺到した。退職記念品も多数寄せられた。

法務省は「会合で挨拶するときも、辞めるとか、まだ検事の仕事を続けるなどとは言わないで」と黒川に釘を刺した。おそらく、名古屋の林も同じだったろう。

辻は、伝統的な人事ルールを厳守して、異動当事者の黒川や林に、人事折衝の途中経過はほとんど報告しなかった。2人はじりじりしながら、結論が出るのを待つことになった。

黒川は休みの日には、新しく始めた乗馬で気を紛らわせた。林は雑誌「法曹」新年号の巻頭言で、日本古代史の英雄、ヤマトタケルが草薙剣を携行せずに戦いに敗れた物語を紹介。熱田神宮近くのヤマトタケルの白鳥御陵の話で締めくくった。検事総長確実とされていた1カ月前の林に対する祝賀ムードは消えていた。中堅の検察幹部は「(林は)もはや、腹をくっておられるのでしょうか」と感想を述べた。

1月7日、黒川、林と任官同期の検察OBの弁護士は「最高検の事務官に頼み事があり、話をしたが、稲田がここ3カ月ですっかり老け込んだ、と言っていた。一方、黒川は昨年12月20日に水戸地検で若手検事との懇談会で一生懸命メモをとっていたらしい。地検幹部は、あれは退官する姿ではない、と言っていた」と話した。

翌8日、官邸筋はこう語った。

「杉田が、黒川総長を望んでいることは明らか。ただ、稲田が辞めると言わないと、手続きがすべて始まらない構造になっていることを、杉田らは知らないかもしれない。辻の立場として、官邸の意向に沿って総長に辞めろ、と勧告した。それで辞めないと、勧告した辻が辞職しなければならない。辻が、自分のクビもかかると説得しても、稲田は『ああ、そうかい』と聞き流して辞めないかもしれない。稲田をクビにできず、黒川が退官しても、官邸は林を東京に戻す人事を認めない。林も、辻も辞める。それもあるのでは」

そうなると、法務・検察だけでなく、政界を巻き込んだ大混乱になるのは必至だった。

この頃、稲田と黒川、林は事務的な会合や宮中行事で顔を合わせてはいたが、互いに人事の話はまったくしなかった。

河井事務所捜索の意味

そうした中、広島地検は通常国会を5日後に控えた2020年1月15日、前年7月の参院選で初当選した参院議員の河井案里の陣営が、ウグイス嬢（車上運動員）に法定上限を超える報酬を支払った疑いがあるとして、案里や夫で前法相の克行の事務所、夫妻の自宅など複数の関係先を公職選挙法違反（買収）容疑で家宅捜索。パソコンやスマホ、参院選関連の資料などを押収した。

選挙でのウグイス嬢の報酬は、公職選挙法で上限額が1日1万5000円と定められているが、河井陣営は1日3万円を支払っていた。「文春オンライン」が19年10月30日に報じた疑惑を事件として切りとった形だった。

政治家に対する強制捜査については、捜査を行う地検から高検を経由して最高検の了承を得る。この事件も広島地検から広島高検、そして最高検へと報告が上がり、その手続きを経て着手したが、それまで基本的に捜査に慎重なスタンスを続けてきた検事総長の稲田がこの事件については極めて前向きだった。それに検察幹部らは驚き、首を傾げた。

この捜索自体についても法務・検察幹部の一部は違和感をもった。

入り口となったウグイス嬢の過剰報酬事件は明白な違反だが、1日の報酬1万5000円はかなり前に定められた額で、近年の労働対価の相場感覚とはずれていること、同様の違反は与野党とも蔓延していること、それゆえ検察は、警察から摘発したいと相談があっても、選挙ブローカーが介在するような悪質なケース以外は受け付けてこなかったからだ。

さらに、この捜索の着手が国会開会直前だったことも通常の捜査手法と違っていた。よほど緊急を要するものでない限り、国会審議に影響を及ぼす恐れがある開会直前の強制捜査着手は避けるというのが暗黙のルールだった。会期直前の着手は、すぐ事件を処分できない場合、ターゲットの政治家を長く晒し者にすることになる恐れがあるからだ。

「官邸は、退官を迫ったことに対する稲田の意趣返しであり、検事総長に居座るため、検察権を使ったと受け止めるのではないか」

法務・検察幹部は、官邸との対立が激化することを危惧していた。

安倍政権は、前年秋以来、野党が追及を続けている「桜を見る会」疑惑と、国会議員の逮捕者を出したIR汚職、と2つの火種を抱えていた。

首相側近といわれた河井と妻は、19年の参院選で自民党本部から、通例の10倍ともいわれる1億5000万円もの資金提供を受けていたことも明らかになっていた。彼らに捜査のメスが入れば、政権はより大きなダメージを受けるのは確実だった。

広島地検はコロナ禍で自粛ムードが広がる中でも、ペースを落とさず捜査を続け、3月3日、克行の政策秘書、案里の公設第二秘書ら3人を公選法違反（買収）容疑で逮捕した。併せて東京地検特捜部の応援で河井夫妻の議員会館の事務所を捜索。陣営のパソコンを押収した。

克行は、19年10月の文春報道後、地元事務所を含めパソコンから現金配布先の名前や金額を記載したリストのデータを削除していたが、検察側は議員会館事務所内にあったパソコンに残っていたファイルから現金配布リストを発見。それが公選法違反（買収）容疑での河井夫妻逮捕の決定的証拠となった。河井の事件については、後で詳しく触れる。

第3節 「奇策」への道

2つの選択肢

黒川の定年が近づく中、黒川検事総長を実現させたい辻ら法務省幹部に残された選択肢は2つしかなかった。

ひとつは、黒川を定年退官させ、稲田が退官するタイミングで検事総長として登用する方法。つまり、官を離れていったん民間人になった黒川を検事総長にする方法である。これには前例がある。敗戦後の1947年5月3日、新体制となった検察の初代検事総長となった福井盛太《もりた》はもともと弁護士で、46年秋、旧体制の大審院検事総長に起用されていた。米国では、弁護士として経験を積んだ者の中から裁判官や検事を採用する。ただ、福井の起用は、米国流の「法曹一元」にならったものではない。占領下の公職追放で現職の検察幹部の中に適任者がいなかったためだ。

もうひとつは、国家公務員法を根拠に、黒川について定年後の勤務を延長して検事総長人事をいったん水入りにする方法だ。こちらは前例がない、いわば、「奇策」だった。

辻は、この2つの方法に絞り込んで検討し、結局、勤務延長を選択した。検察関係者によると、2020年1月下旬、辻は、黒川の定年後の勤務を8月7日まで半年間延長し、その間に稲田が退官して黒川に検事総長ポストを引き継ぐ、との含みの人事案を策定した。

この間の事情を知る法務・検察関係者は「辻は、稲田から何月何日までに辞めて黒川に引き継ぐ、との確約を得たはず。そうでないと、勤務延長は成立しなかった。当然、その情報は官邸も知っていた」という。稲田の勇退時期は、5月中とされていたとみられる。

辻は、稲田と黒川の最終的な了承を得た上で、この案を法相の森雅子に提案した。森は了承し1月29日、総理大臣にこの人事案を閣議で議題とするよう要請。31日の閣議で決定された。

制度上、検察幹部の人事権は内閣にあり、建て前の上では、検事総長は検察首脳人事にかかわらないことになっている。しかし、先に紹介したように検事総長は検察庁法25条を根拠に事実上の後継指名権をもつ。それゆえ、検事総長人事では現職検事総長に了解をとり、それを「検察の総意」として法相に伝えるのが慣例だった。辻はその慣例に従い、稲田の了解を求めたとみられる。

この異例の人事によって、官邸が望む「黒川検事総長」への道が開ける一方、法務・検察が守ってきた「稲田―林で検事総長をつなぐ」構想は事実上、崩壊した。

黒川退官を選べなかった理由

元検察首脳は「稲田が辞めない以上、黒川をいったん退官させ、弁護士にしてから登用する道はあると思っていた。勤務延長は奇策だ。あんな奇策を採ってどうするんだろうと思った」と振り返る。

確かに、黒川が東京高検検事長でいったん退官するのが一番ハレーションの小さい方法だ。その選択をせず、法務省と官邸が勤務延長を採ったのはなぜか。元検察首脳の証言では、稲田は、1月中に勇退し検事総長の椅子を黒川に引き継ぐ人事構想をいったん受諾しながら、いざとなると、勇退に応じなかった。穿った見方をすれば、稲田が「いついつまでに辞める」と辻らに約束したとしても、黒川が退官してしまうと、「やっぱり辞めない」と翻意する可能性がある。そうさせない「担保」、あるいは「監視役」として黒川を東京高検検事長にとどめ置いたのではないか、との見方もできる。

ただ、普通に考えると、黒川の後任となる東京高検検事長の人事の策定が難しかったからではないかと筆者は推測する。本来、ポストの格や定年までの期間からすれば、林を名古屋からもってくるのが順当だったが、林の東京への異動については官邸が拒否しているうえ、黒川が検事総長になれば、林は東京で半年だけ勤務して退官となる。そういう人事を林が受けるとも思えなかった。

かといって、黒川の次の検事総長候補については、1期下の最高検次長検事の堺徹（36期）や高松高検検事長の甲斐行夫（同）らの名が取り沙汰されていたが、絞り込めていなかったとみられる。

黒川は、次期検事総長含みで勤務延長を受け入れたことで、それに対する批判が殺到することを覚悟していた。そして、長い政界ロビーイングの経験から、政治の非情さをよく知っていた。稲田の退官は5月中といわれていたが、その時点で、黒川批判の世論が大きくなっていれば、菅、杉田は遠慮なく、黒川を切り捨てるだろう。それでも、乗りかかった船。検察組織を守るため、最後まで汚れ役をまっとうするしかない、と黒川は覚悟を決めたとみられる。

菅、杉田と親しいジャーナリストによると、2人はこの後、黒川の勤務延長について批判が噴出したことについて口をそろえて「一番悪いのは稲田だ」とこのジャーナリストに語ったという。また杉田は「人事なんてものは前々からタイミングを考えなければならない。林までやらせたいなら、そのタイミングで引かなければならないのを、ぐずぐずしておかしくした」とも話していたという。

第7章　河井捜査とコロナ禍騒動

参院選での河井案里と安倍首相（2019 年 7 月）共同通信社

第1節　文春砲が暴いた選挙違反

政治家夫妻の栄光と挫折

夫は法務大臣として2019年9月に初入閣、妻も7月の参院選で初当選、という政治家夫妻の栄光は長くは続かなかった。この章では、検事総長人事と深くからんだ河井克行、案里夫妻の選挙違反事件について検証する。

前章でも簡単に紹介したが、「週刊文春」19年11月7日号は「法務大臣夫婦のウグイス嬢『違法買収』」として、案里の選挙事務所が7月の参院選で運動員13人に、日当として法定上限の1万5000円を超す3万円を支払った疑いがあるとスクープ。夫の克行が事実上、この選挙を仕切っていたと指摘した。

克行は文春発売の10月31日午前、官邸で首相の安倍に辞表を提出し、法相を辞任した。9月11日にスタートした第4次安倍再改造内閣では、河井辞任のわずか6日前の10月25日、経済産業相の菅原一秀が自身の選挙区で香典を配った公選法違反の疑いを、やはり「週刊文春」に指摘され辞任したばかりだった。

相次ぐ閣僚の不祥事と辞職に、首相の安倍の任命責任を問う声が高まった。

克行は辞表提出後、文春の報道について「私としては法令にのっとった政治活動、選挙活動をしているると信じている。私も妻も全くあずかり知らない。今後、しっかりと調査して説明責任を果たしたい」と報道陣に強調したが、20年6月18日に逮捕されるまで、２人が調査結果の説明会見を開くことはなかった。

ウグイス嬢への法定外報酬は連座制対象

ウグイス嬢の法定外報酬支払いが発覚するのは珍しくない。６年前の２０１３年の参院選でもまったく同じ事件があった。

生活の党から参院比例区に出馬して落選した広野允士《ただし》元参院議員の元公設第一秘書が、ウグイス嬢に日当３万円を支払ったとする公選法違反容疑で富山県警に逮捕された。富山地裁は13年10月、懲役1年6月、執行猶予5年の有罪判決を言い渡し確定した。それを受けて東京高検は連座制適用を求める訴訟を提起。東京高裁は14年3月、元秘書の選挙運動全般が「独断」だったとする広野側の主張を退けた。広野の敗訴が確定し、広野は参院選比例区に5年間立候補できなくなった。

連座制は、選挙運動の責任者らが選挙違反で有罪が確定した場合に、候補者本人の連帯責任を問う公職選挙法の制度だ。１９２５年の普通選挙法制定の際、英国の制度を参考に導入された。高検が行政訴訟を高裁に起こして勝訴・確定すると、当選が無効となり同選挙区からの出馬が5年間禁止される。

当初は、適用対象者を「出納責任者」「親族」などに限定していたため事実上骨抜きとなり、国会議員への適用は94年の公選法改正まで戦後1件しかなかった。改正により秘書や選挙事務所の責任者はもちろん、企業、労組、町内会、同窓会、PTAなど「末端組織」のリーダーや、電話作戦の監督者など組織的選挙運動管理者にも適用対象が拡大された。

連座制が適用される主な違反行為には、「ウグイス嬢に法定額を超える報酬の支払い」のほか「有権者への飲食提供」「温泉旅行や観劇への招待」「運動員に対し実費を超えた報酬の支払い」などがある。

調査報道の威力

「週刊文春」は、当のウグイス嬢や克行の後援会関係者、自民党広島県連関係者などに対する取材で、ウグイス嬢の領収書や支払いを記した〝裏帳簿〟を入手。案里の事務所が選挙期間中には、1日1万5000円を支払ったことにしてウグイス嬢に領収書を書かせ、残りの額は、公示（7月4日）前の7月1日付で、選挙が始まる前の「人件費」として支払った形にしていたことを突き止めた。

過不足ない、見事な調査報道だった。克行のパワハラや高圧的な言動が原因で河井事務所には秘書がいつかない、といわれていた。そういう元秘書らに接触し取材協力者になってもらうのがかつての新聞の社会部記者の仕事スタイルだったが、それが、すっかり「週刊文春」の「十八番」になったことを実感させる特ダネだった。

「文春オンライン」が前触れ記事を速報すると、永田町やマスコミには驚きが広がった。広野の事件がまだ、記憶に新しかったからだ。妻の選挙で克行が八面六臂の働きをしていたことは容易に想像がついた。

さらに、「週刊文春」は２０２０年1月30日号で、広島地検が公選法違反容疑で捜査を始めた克行と案里の政党支部に対し、自民党本部から参院選前に合計1億５０００万円が振り込まれていたことも暴いた。1候補に1億円を超える選挙資金が提供されるのは異例だ。

参院広島選挙区には、自民党のベテラン議員の溝手《みぞて》顕正《けんせい》も立候補していたが、こちらには、１５００万円だけだったと指摘。これも、報道各社が追った。

参院広島選挙区（改選数2）には7人が立候補。自民党は6選を目指した溝手に加え、新顔の案里を擁立した。自民党支持票が割れて溝手が不利になるのを恐れた地元県連の反対を、安倍ら党本部が押し切ったとされる。

一方、07年夏の参院選で安倍が率いる自民党が惨敗した際、当時防災相だった溝手は「首相本人の責任はある。（続投を）本人が言うのは勝手だが、決まっていない」と痛烈に批判。さらに12年2月にも、野田民主党政権に対し、消費税増税関連法案への賛成と引き換えに衆院選を迫る「話し合い解散」を主張した安倍を、「もう過去の人」とこき下ろした。そうした事情もあり、安倍には溝手に対する「恨み」から案里を擁立したとの指摘もあった。

安倍や官房長官の菅は自ら案里の選挙応援に入るなどしてテコ入れ。国民民主党や立憲民主党などの推薦を受けた現職がトップで再選し、案里は2番手に滑り込んだ。溝手は惜敗した。

ウグイス嬢捜査

２０１９年10月の文春によるウグイス嬢への法定外報酬報道のあと、大学教授や地元の有権者らが公選法違反容疑で、河井夫妻らに対する告発状を広島地検に提出。それを受けて、広島地検は選挙運動に関わった関係者を任意で事情聴取した。その過程で、広島地検はウグイス嬢事件の背後に、克行がからんだ悪質な買収疑惑があることを認知したとみられる。

20年1月15日、広島地検は広島県警などの協力を得て、克行や案里の広島の事務所、夫妻の自宅など計7ヵ所の関係先を公選法違反（買収）容疑で家宅捜索した。

官邸側が、この捜査を「政権側に対する稲田の意趣返し」あるいは、「検事総長の椅子にしがみつくためにあえて、このタイミングで捜査を仕掛けた」と受け止めたであろうことは想像に難くない。それは前にも触れた。

違法報酬の支払いを誰が指示したのかが捜査の焦点だった。克行や案里の指示が立証されれば、2人が起訴される可能性もあった。案里については、直接関与していなくても、選挙運動で一定の立場や役職を担った人物や親族らが買収の罪に問われ、有罪判決が確定すれば連座制を適用される。そして、当選が無効となる可能性があった。安倍らには大きなダメージになるとみられた。

当面の捜査は、事実上、案里の選挙を取り仕切っていたとされる克行や、ウグイス嬢に報酬を上乗せ払いしたとされる陣営幹部が、選挙にどう関わっていたかの解明が焦点になった。検事総長の稲田は、この捜査に検察の資源を惜しみなくつぎ込んだ。2月下旬以降、各地の検察庁から検事や事務官が続々と広島に応援に入った。

秘書逮捕と議員会館捜索

広島地検は2020年3月3日、案里の公設秘書の立道《たてみち》浩、克行の政策秘書の高谷《たかたに》真介、案里の陣営幹部を務めた脇《わき》雄吾の3人を公選法違反（買収）容疑で逮捕するとともに、衆議院第二議員会館の克行の事務所と参議院議員会館の案里の事務所を捜索した。

検察は、議員本人を立件できる確信がない限り、議員会館の事務所への捜索はしない。しかも、参院予算委員会が開会中だった。官邸や与野党議員らは検察が最低でも、連座制適用で案里の当選を無効にするだけの材料を持っているものと受け止めた。

立道ら3人は参院選の投開票日前後の19年7月19〜23日、選挙カーに乗る車上運動員（ウグイス嬢）14人に、法定上限の日当1万5000円を上回る報酬を支払った疑いがあるとされた。違法に支払われたとされる報酬額は計204万円に上った。

候補者本人が連座制適用の対象となるのは、事務局長ら陣営の幹部が買収など公選法違反の罪で罰金刑以上（執行猶予を含む）、親族や秘書が禁錮刑以上（同）の刑が確定した場合だ。3人の逮捕容疑となった公選法違反（買収）の法定刑は3年以下の懲役か禁錮、または50万円以下の罰金で、検察が案里の連座制適用を視野に置いていることは明らかだった。

立道は選挙運動中、選挙カーの走行ルート作成などを担当。案里当選後に公設秘書になった。高谷は報道機関の取材対応を含めた事務所の運営を担当。脇は事務長としてスタッフへの日程連絡などを担当したとされた。検察が案里に連座制を適用するためには、3人の当時の役割を慎重に見極める必要があった。

一方そのころ、国会では、黒川の勤務延長をめぐり、政治による検事総長人事への介入ではないか、との議論が燃え盛り、鎮火する気配がなかった。「政界に近い」とされる黒川の検事総長就任を阻止するために、稲田が続投すべき、とするマスコミの論調も散見されていた。

検察現場は、河井事件の捜査が、そういった議論と結びつけられることに神経を尖らせていた。広島地検次席検事の横井朗は3月3日、報道陣に対し「厳正公平に不偏不党で粛々と捜査をとげる」と繰り返した。

案里の体を張った抵抗

この3月3日の議員会館事務所の捜索に関連して、検察と河井夫妻の間でトラブルがあった。検察幹部によると、河井夫妻は議員宿舎にも捜索が入ったため、都内のホテルに投宿した。そこに広島地検の捜査員が2人を訪ね、スマートフォンの提出を求めたが2人は拒んだ。

このため地検側は捜索令状にもとづきドアノブを壊して部屋に入り、スマホを差し押さえた。その際、捜査員が身体検査令状を示し、案里の着衣のポケットなどを検査しようとしたところ、案里は「触らないで」と抵抗。自分で衣類を脱ぎ棄てたとされる。修羅場には慣れている地検の捜査員らも、これにはあっけにとられたという。捜査員は克行とも、もみ合いになったとされる。

裁判所の令状にもとづく捜索、差し押さえ手続きだった。スマホの押収を拒むにはそれなりの正当な理由が必要だった。それがない以上、差し押さえられても仕方がないが、2人から報告を受けた自民党幹部は「検察の捜査の方法に問題がある」と怒り、それが法務省経由で検察にも伝わった。

「こういう騒ぎになると、中途半端な捜査はできない。もし、不起訴ということになると逆襲されてこちらが持たない。徹底的にやるしかない」と検察幹部は漏らした。

普通、政界捜査において議員がらみのトラブルがあると、政界から検察に抗議が殺到するところだ。しかし、河井夫妻の場合は、政権与党から表立って捜査に対する批判は出なかった。政権与党は、黒川の勤務延長について「検察人事への政治介入だ」という批判が世論にあることを意識し、「自重」したのかもしれない。

その後、広島地検は案里と克行を任意で事情聴取。ウグイス嬢への違法報酬の支払いに夫妻が関与しなかったかどうか、確認した。2人は否定したとみられる。

第2節　「コロナ」ショックと検察

パンデミック

検察を舞台にした一連の人事騒動と連動するように、新型コロナウイルスのパンデミックが起き、地球規模で社会・経済活動が一時ストップした。感染防止のため人々は居宅での逼塞を余儀なくされる中で、安倍政権のコロナ対策は後手後手となり、国民の不満は鬱積した。それは、その後の国会での「黒川問題」「検察庁法改正案」の行方にも微妙に影響した。

2019年末、中国・武漢で原因不明の肺炎の集団感染が確認されたのが発端だった。多くの日本人にとって最初は文字通り対岸の火事だったが、未知のウイルスは瞬く間に日本国内に飛び火した。

20年1月24日には都内で初の感染確認発表。法務・検察では黒川の勤務延長の根回しが佳境を迎えていたころだ。大型クルーズ船「ダイヤモンド・プリンセス」での集団感染も起きた。2月27日には、首相の安倍が全国の小中高校に休校要請。街からはマスクやトイレットペーパーが消えた。

3月11日、WHO（世界保健機関）がパンデミック認定。中国で感染が下火になる中、欧州と米国で急速に感染が広がった。同24日には、7月、8月に開催する予定だった東京五輪・パラリンピックの1年延期を決定。同29日には、コメディアンの志村けんが感染死。コロナウイルスの恐ろしさを国民に実感させた。

4月7日、政府は、東京都など7都府県に新型コロナウイルスの感染拡大による緊急事態宣言を発令。同16日、宣言を全国に拡大した。国民に外出自粛と「密閉」「密集」「密接」の「3密」回避の要請がなされた。

企業にはテレワークが奨励された。ビジネス街は閑散となり、店を閉める飲食店などが急増した。

検察の人事異動も延期

多くの刑事、民事の裁判の開廷が延期となった。検察の業務も影響を受けた。犯罪容疑者や参考人を対面で取り調べて供述を得ることを仕事とする検察は、3交代で検事や事務官の出勤を減らす体制に移行した。

法務省は4月9日、緊急事態宣言を受け、検事657人と副検事約350人を全国で異動させる10日付の春の定期人事を、当面の間、延期すると発表した。大混乱が起きた。すでに内示を受けていた検事らは、通常の感覚で引っ越し荷物を新たな勤務地に発送し、子供の転校手続きをしていた。住むところがなくなる家族が続出したのである。

コロナ禍の深刻さを読み切れなかった法務省の失態だった。国の財布を握る財務省は法務省が助けを求めても、「キャンセル料などの補塡には限界がある」「官舎に入れた荷物は出して妻子も出ていけ」と冷たかった。法務省は何とかやりくりしたが、検察現場には不満の声が溢れた。

検察幹部は嘆いた。

「検察首脳らはアンテナが低いのか、生活者の阿鼻叫喚が耳に入らず『検察が悪目立ちしなくてよかった』『女房も押さえられずに検事が務まるか』『辞令ももらわずに荷物を送る方が悪い』などと発言し事態をややこしくしている。家族を抱えた兵隊はついていけない。若手、中堅検事の士気にガタが来て、途中退官が雪崩を打ちそうな情勢だ」

コロナの勢いは徐々に衰え5月25日、全国の緊急事態宣言は解除となったが、安倍政権は、全国民への「アベノマスク」の配布や一律10万円の給付金をめぐる不手際を批判され、求心力を失った。

そうした中、安倍政権は3月13日、政府の裁量で幹部検察官の勤務延長をできる規定を盛り込んだ検察庁法改正案を閣議決定。国会審議に付した。これに対し、在宅でネットに接する機会が増えた市民から爆発的な改正案反対ツイートが沸き起こり、それが引き金となって廃案に追い込まれた。それもまた、コロナ禍が巻き起こした異例の社会現象と言えるかもしれなかった。

第3節　買収リスト

デジタル鑑識の威力

コロナ禍による緊急事態宣言を受け、世の中全体が自粛ムードの中、検察の河井事件捜査だけはまったくそれとは無縁だった。捜査は平時以上に急ピッチで進んだ。

転機があった。広島地検が1月から3月にいたる一連の捜索で、河井克行の衆院議員会館の事務所から押収したパソコンから宝の山を発見したのだ。ウグイス嬢への違法報酬疑惑が2019年10月末の「週刊文春」の報道で発覚した後、克行は衆院議員会館の事務所や議員宿舎、広島市の自宅などのパソコンに保存していた参院選挙関係のデータを専門業者に頼んで消去していた。

ところが、議員会館の事務所のパソコンにはなぜか、克行が案里の選挙区の県議、市議や自治体首長らに現金を配布したとみられるリストが消去されずに残っていた。約100人の氏名、金額、時期が記載されていた。その総額約2900万円。検事らは「買収の決定的証拠ではないか」と色めき立った。

河井夫妻や現金を受領した地元議員らから押収したスマホに残された全地球測位システム（GPS）の位置情報によって、克行や案里とリスト記載者との接触日時や場所を絞り込むこともできた。検察が力を入れるデジタル鑑識（デジタル・フォレンジック）の威力を示した形だった。

3月下旬、新たに選挙捜査の経験が豊富な東京地検特捜部の検事約10人が投入された。前日産自動車会長のカルロス・ゴーンの事件やIR汚職事件を手がけた検事たちもいた。リストに記載された地元議員らは特捜検事の聴取を受けると、次々と克行らとの接触や現金の受領を認めた。新型コロナ対策で緊急事態宣言が全国に拡大した4月16日以降は、聴取の際はマスクを着用したり、間仕切りのため透明シートを設けたりして対応したが、捜査のピッチは落ちなかった。

隘路

検事たちは、克行が現金を持参したのは票のとりまとめを依頼する目的だとみていたが、公選法違反(買収)容疑の成立を妨げる隘路があった。金を配った時期が2019年4月の統一地方選と近く、出馬した地方議員らへの「陣中見舞い」や「当選祝い」という名目で渡された例もあったからだ。参院選と無関係であれば、地方議員の政治団体への寄付は違法ではない。

20年4月27日、黒川、林と同期の検察OB弁護士、郷原信郎がブログ「郷原信郎が斬る」でこの事件の成否にかかわる重要な論点を指摘した。少し長いが紹介する。

「公職選挙への立候補者が当選をめざして行う活動としては、(略)『選挙に向けての自分への支持拡大のための政治活動』としての『地盤培養行為』という要素もあり、それは、従来、『選挙運動』とは別のものと扱われてきた。公示日から離れた時期であればあるほど、『選挙運動』ではなく『地盤培養行為』としての性格が強くなるが、両者の境目は曖昧だった。(略)

選挙人又は選挙運動者に対して『金銭の供与』を行えば、形式上は、『買収罪』の要件を充たすことになる。しかし、従来の公選法違反の摘発の実務では、『買収』罪が適用されるのは、選挙運動期間中など、直接的に、投票や選挙運動の対価として金銭等を供与する事例に限られ、選挙の公示から離れた時期の金銭の授受が、買収罪で摘発されることは殆んどなかった。（略）河井夫妻から広島県政の有力者への現金の授受があったとされる時期は2019年4月頃ということであり、参議院選挙の約3ヵ月前だ。従来の実務からすると、このような事例は、『買収』としての摘発のハードルはかなり高い。

（略）法律上、公選法の解釈として違反が成立しないというより、従来の日本の公職選挙の慣行に配慮した面が大きいと考えられる。公示日よりかなり前の時点で選挙に関連して、相当な金額の資金提供や金銭の授受が行われることは珍しいことではなく、それをいちいち買収だとしていたのでは、ほとんどの選挙が、買収だらけになってしまうということから、警察は摘発を抑制し、検察も起訴を敢えて行ってこなかったのである。

しかし、公選法には買収罪の要件として『当選を得させる目的』で『金銭を供与』としか書かれていないのであるから、それに該当する限り、『地盤培養行為』としての政治活動としての性格がある場合であっても、買収罪の成立を否定されるわけではない。

もし、今回の事件で、検察が、現金授受の事実が明らかな事例について、敢えて『買収罪』で起訴した場合、『地盤培養行為』としての政治活動に関する寄附という要素があっても、それが参議院議員選挙で、案里氏を『当選させる目的』で供与されたものであることを否定することは困難であり、裁判の見通しとしては、『無罪』になる可能性は低いと思える。」

検察のあらゆる問題を批判的に見ているとして、いつもは郷原論文に顔をしかめる検察幹部がこのブログ記事についていては「指摘の通りだ」と評価した。

「河井を買収で摘発するには、検察がずっと回避してきたその灰色領域に踏み込まざるを得ない。それは、検察の伝統的な起訴基準を変更することにつながりかねない」

第5章で触れた「法務・検察の起訴基準」論である。

郷原は、伝統的な起訴基準を捨てればいい、と提案した。しかし、検察は、それを簡単に捨てられない。郷原が指摘する問題を捜査で乗り越える必要があった。

検察側は、案里の立候補表明後に、克行や案里が「よろしく」などと漠然とでも依頼する言葉があり、受け取った側が票の取りまとめなどの依頼を受けた、との認識を持っていれば、買収罪が成立すると見立てた。その構成で、地元議員ら受領者側から「参院選での支援を求める趣旨と思った」などの供述を積み重ねることで、河井らが否認しても有罪立証をできると考えたのだ。

反故になった検事総長禅譲の約束

前章で、東京高検検事長の黒川の勤務延長を決めた際、検事総長の稲田は、法務事務次官の辻や黒川に対し、2020年5月中に勇退し、検事総長の椅子を黒川に引き継ぐと約束していたとの法務・検察関係者の見方を記した。

その「約束」をもとに、次官の辻は、折に触れ、稲田に勇退を促したとみられる。検事総長の交代は、法務・検察にとって大きなイベントである。官邸への根回しや事務的な準備作業をかなり早い時期から始めねばならない。しかし、稲田は、4月になっても5月になっても、退官するそぶりを見せなかった。

5月11日の衆院予算委員会では、後藤祐一（当時、国民民主党、その後、立憲民主党）が検察庁法改正案について「森友、加計、桜、そして、これから四つ目が出てくるかもしれない、そのときに、黒川検事長のような方が自分を守ってくれる、守護神として必要だからこの法案を出したんじゃないんですか」と首相の安倍を追及した。稲田は、もし、自分が勇退して黒川を検事総長にすれば、その見方を裏付けることになる、だから、できない、と考えたのか。あるいは「稲田さんの検事総長としての定年は来年8月までである。そこまで稲田さんがやれば〝黒川検事総長〟も吹っ飛ぶ」（元検事、元参院議員の佐々木知子、「サンデー毎日」20年3月1日のウェブ記事「倉重篤郎のニュース最前線」での発言）など一部の元同僚のエールに応えようとしたのか。

いずれにせよ、稲田は「河井夫妻摘発」を優先させた。犯罪があれば、しかもそれが権力犯罪なら、国民の期待に応えて検察が摘発に邁進するのは当然だ。しかし、一連の人事の舞台裏を知る法務・検察関係者は「稲田は、『延命』のため、検察権を私物化しているのではないか」と疑っていた。

稲田ら検察首脳は、政府の緊急事態宣言が5月初めの連休明けにも解除されると見込み、その時点での河井夫妻の買収容疑について最終判断できるよう、現場に捜査を急がせた。コロナ自粛もどこ吹く風だった。

検察側は連休中に河井夫妻から再度、地元議員らに対する買収容疑で任意の取り調べを行った。2人は否認した。検察側はこの時点で、容疑を固めるため2人を逮捕して取り調べるしかないと判断した。

しかし、国会開会中の議員の逮捕は国会の許諾が必要だ。4月に出された緊急事態宣言は、連休後の5月14日に39県で解除されたが、東京都の解除時期は不透明だった。逮捕許諾を請求すれば、コロナ対策を含む第2次補正予算案の国会審議に影響を与える恐れがあった。

さらに、検察庁法改正案を巡る審議も紛糾していた。稲田らは、法務・検察の問題で国会を騒がせている中での許諾請求は難しい、と判断。夫妻の逮捕は国会閉会を待って行うことになった。

案里の連座制適用の行方

一方、広島地検は2020年3月24日、ウグイス嬢事件で逮捕した秘書ら3人のうち立道と高谷の2人を公選法違反（買収）の罪で起訴するとともに、議員本人の当選を無効とする連座制の適用に向けて迅速な審理を求める「百日裁判」を広島地裁に申し立てた。脇については関与が希薄だとして処分保留で釈放した。

検察はそれぞれの権限や役割などを調べた結果、議員本人の当選を無効とする連座制の対象となる「組織的選挙運動管理者」に立道が該当すると判断した。立道は検察の取り調べに対し大筋で容疑を認めた。

公判で立道は「法定限度額を超える報酬が支払われたのは事実で、支払いに関与した」などと述べたが、弁護側は従属的な幇助犯にとどまるとし、連座制の対象となる禁錮以上の刑ではなく、罰金刑が相当だと主張した。一方、高谷は「法定上限を超える報酬を支払うことに共謀していない。車上運動員の担当ではなく、報酬の決定や支払いには関与していない」と起訴内容を否認。弁護人が無罪を主張した。

立道に対し、広島地裁は６月16日、懲役１年６月、執行猶予５年（求刑懲役１年６月）を言い渡した。案里が連座制適用の対象となる量刑だった。冨田敦史裁判長は19年６月以降にウグイス嬢に指示して遊説活動を取り仕切っていたとされる立道の行為について、「案里候補や克行議員の意向を強く反映する形で行われたことは否定し難い」とし、行程表の作成や連日にわたる運動員の監督、さらに違法報酬の支払いを会計担当者に具体的に指示したことは幇助ではなく「実行行為そのもの」と認定した。

運動員に領収書を２枚作らせる隠蔽行為などもあわせて、「違法な報酬を認識し、国政選挙の公正を害した」と言及。量刑については、違法報酬の支払いは陣営の方針に従ったにすぎない面もあるとして、執行猶予付きの懲役刑が相当とした。

立道は判決を不服として控訴したが、広島高裁は８月31日、一審判決を支持し、立道の控訴を棄却。立道は上告した。最高裁でも百日裁判となり、年内にも判決が確定する。

第4節　前法相の犯罪

今度は被疑者として

２０２０年6月18日午後2時過ぎ。河井克行と妻の案里を乗せた2台の車が、カメラの放列が待つ東京・霞が関の法務省の正門から、法務・検察の敷地に入り検察庁舎のあるビルに向かった。9カ月余り前、新法相として職員の出迎えを受けた同じ道を、克行は被疑者として通った。まもなく2人は公選法違反（買収）容疑で東京地検特捜部に逮捕された。２人は逮捕を予期し前日の17日、自民党に離党届を提出。受理されていた。

東京地検と広島地検が同時に発表した2人の容疑は以下のようなものだった。克行は、案里の選挙運動員と位置づけられていた。容疑は2種類あった。

1　河井案里及び河井克行は、共謀の上、案里の当選を得しめる目的をもって、19年3月下旬ごろから6月中旬ごろまでの間、Aほか4名に対し、案里への投票及び投票とりまとめなどの選挙運動を依頼し、その報酬として5回にわたり、合計１７０万円を供与した。

2　河井克行は、河井案里に当選を得しめる目的をもって、19年3月下旬ごろから8月上旬ごろまでの間、Bほか90名に対し、案里への投票及び投票取りまとめなどの選挙運動を依頼し、または、投票とりまとめなどの選挙運動を依頼し、その報酬として、１１６回にわたり合計約２４

00万円を供与した。

1は、案里が直接、買収にかかわった事実を示し、2は、克行が大掛かりな買収を行った事実を示している。1、2の事実で被買収容疑の2人は重複しており、被買収は計94人。買収総額は2570万円という大型の選挙違反事件だった。

特捜部は18日、都内にある2人の国会議員会館の事務所などを改めて捜索。資料を押収した。検察が起訴すれば、2人の裁判も、短期間での判決を目指す「百日裁判」となる可能性があった。

首相の安倍は18日の会見で、2人の逮捕について「かつて法務大臣に任命した者として責任を痛感している。国民の皆さまに深くおわび申し上げる」と陳謝。「総裁として自民党においていっそう襟を正し、説明責任も果たしていかなければならない」と述べたが、「それ以上については捜査中の個別の事件に関すること」として具体的な言及は避けた。

自民党本部が案里の陣営に支給した1億5000万円についても「二階俊博幹事長から、党本部は事後的に各支部の支出をチェックしており、巷間言われている（買収の）ような使途に使うことができないのは当然との説明が行われた」などと述べるにとどめた。

緊張の逮捕会見

克行と案里を逮捕した18日午後、東京地検次席検事の齋藤隆博は臨時記者会見を開いた。河井夫妻に対する捜査は、広島地検と東京地検の共同捜査と説明。2人を東京で逮捕したのは、東京の方が広島より、被疑者の身柄を勾留する東京拘置所など刑事施設が充実しているためだと示唆した。

齋藤は約15分間の会見の間、厳しい表情のままで発言は淡々としていた。

記者から前法相を逮捕した感想を聞かれると、「特別の所感はございません。発表するような内容はございません」とだけコメント。

夫妻の政党支部に自民党本部から流れた1億5000万円が、買収資金の原資になったのかとの質問にも「捜査の内容に関わることなのでお答えできません」とそっけなかった。

黒川の勤務延長や検察庁法改正をめぐる批判があった中で、安倍側近の国会議員を逮捕したことについてコメントを求められても「当庁としては、犯罪の嫌疑があるので逮捕したにつきます。特にそのほかコメントはございません」とにべもなかった。

半年前の1月9日、ゴーン逃亡の際の会見で齋藤は雄弁だった。ゴーンのレバノンでの記者会見を受け、海外メディアを含む約30人を前に、約1時間20分にわたりゴーンの起訴事実を裏付けるとする証拠の中身を説明した。検察が公判前に事件の証拠について詳しく言及するのは異例のことだ。ゴーン夫人のキャロルの逮捕状についても内容を詳細に説明した。

それが、すっかり様変わりし、もとのぶっきらぼう検察に逆戻りしていた。かつての「上司」である法相への配慮なのか、あるいは、検察人事にからむ政界への反感が捜査の背景にあるとみられていることを警戒し、あえて紋切り型を選択したのか。

この日は、東京地検特捜部副部長と広島地検次席検事も会見したが、いずれも、齋藤の対応に右に倣え、だった。その点では完全に意思統一していることを窺わせた。

前時代的な買収実態と告白ドミノ

その後の各社の報道で、河井夫妻による大掛かりな買収の全容が明らかになった。

朝日新聞は6月25日朝刊で、94人に渡したとされる計約2570万円のうち、7割にあたる約1810万円が自民党系の地元政治家42人への提供だったことが東京地検特捜部の調べでわかった、と伝えた。残りは後援会関係者46人に約390万円、選挙スタッフ6人に約370万円が渡っていたという。

日本経済新聞の6月27日朝刊は、広島県議や県内の市・町議だった38人と首長2人に計1680万円、元議員や後援会関係者ら54人に計約890万円が渡ったとされる、と伝えた。

選挙買収事件では、1979年の衆院選で当選した宇野亨《とおる》元衆院議員の事件がエポックとされる。千葉2区の有権者約11万人に1票あたり約2000円を渡すなど総額2億5000万円をばらまき、運動員ら1695人が検挙された。宇野を含む133人が起訴され、宇野は実刑判決が確定した。河井の事件は、それほどの規模ではないが、同様の「金権選挙」が40年の時を経ていまだに存在していることを示した。

自民党が河井夫妻に供与した1億5000万円のうち1億2000万円は政党交付金だとする報道もあった。政党交付金はそもそも、政治腐敗の元凶とされた企業・団体献金を制限するために導入され、95年に政党助成法が施行された。

公選法の連座規定は強化され、買収は割に合わない犯罪になったはずだった。克行はもともと選挙に強くない。まして妻の選挙となると、さらに自信がなかったのではないか。安倍、菅のお声がかりでの立候補。ライバルの溝手の10倍ものカネをもらった。それで負ければ、自らの政治生命にもかかわると、危機感を持ったのだろうか。

克行の逮捕前には、記者の取材にカネの授受を否定していた被買収者らの告白ドミノが起きた。広島県三原市長の天満祥典《てんまよしのり》は一転、克行からの受領を認め、辞職を表明。「河井から『秘密だ』『2人の約束だ』ということで守り通した」と弁解した。

広島市議の石橋竜史は、克行からの30万円の受領を明かし、支援者や家族のことに話が及ぶと涙を浮かべた。克行から計60万円の受領を認めた安芸高田市長の児玉浩は丸刈りとなり、6月30日、辞意を表明した。

被疑者側の主張と弁護士

克行は検察の取り調べに対し、一部のカネの提供を認めたが、「党勢拡大のためだった」「ポスターを貼ってもらった実費や報酬だった」など政治活動としての支出だったと強調し買収の意図を否認した。案里との共謀も否定したようだ。案里も「違法な行為をしたことはない」と容疑を否認した。

検察側は、現金提供が、案里が立候補を表明した2019年3月から投開票後の8月にまで及んでいること、現金を受け取った議員の多くが、過去に河井側から寄付を受けたことがないこと、克行が現金提供先から領収書を受け取っていなかったこと、などから違反立証への自信を深めた。

河井夫妻の弁護人には検察OB、いわゆる「やめ検」弁護士がついた。克行には、佐々木善三、森本哲也、田代政弘の3人。案里には、山口幹生、古屋正隆の2人。

佐々木は中央大卒。1979年に検事任官。東京、大阪両地検の特捜部に長く在籍し、リクルート事件や住専事件、KSD事件などの捜査に関わり、東京地検特捜部副部長も務めた。「マムシの善三」の異名をとる粘り強い捜査が持ち味だった。

12年11月の退官後に弁護士登録。東京都知事を辞職した猪瀬直樹が知事選前に徳洲会グループから5000万円を受け取ったとして、公選法違反（収支報告書の虚偽記入）の罪で略式起訴された事件では弁護人として特捜部と対応した。

ただ、佐々木と森本は捜査段階の弁護だけにかかわり、克行が起訴されると辞任した。

田代は、東京地検特捜部が不起訴とした元民主党代表の小沢一郎の資金管理団体「陸山会」にまつわる政治資金規正法違反事件の捜査を担当。検察審査会の議決に基づく再捜査で、「陸山会」元事務担当者で衆院議員の石川知裕を取り調べ、実際にはなかったやり取りを捜査報告書に記載したとして虚偽有印公文書作成などの容疑で市民団体から告発された。嫌疑不十分で不起訴となったものの、懲戒処分を受け12年辞職。14年10月弁護士登録した。

田代は国学院大学久我山高、早稲田大学の硬式野球部で活躍。検事時代も明るい性格で同僚から愛された。「虚偽報告書問題も上層部のプレッシャーが背景にあった。田代は犠牲者」（元検事長）との評価もある。証券取引等監視委員会への出向経験もあり、経済事件に強い。今回の河井事件が著名事件での弁護人としてのデビュー戦となった。

克行は公判中の20年9月15日、田代ら弁護人6人全員を解任した。弁護団は起訴後、4回にわたって河井の保釈を請求したが、いずれも却下となり、別の弁護人に代えて保釈を勝ち取るための解任とみられたが、克行は10月20日までに新たな弁護士1人を選任するとともに、田代ら4人の弁護士を再度、選任した。ほかに弁護士が見つからなかったとみられる。

もらった側は不問に

東京地検特捜部は7月8日、克行について、票の取りまとめを依頼する趣旨で地元議員ら100人に計約2900万円の現金を渡したとして公選法違反（加重買収など）の罪で起訴した。また妻の案里についても、このうち5人に対する計170万円の買収罪で起訴した。一方、東京地検特捜部と広島地検は、現金を受け取った疑いがある地元議員ら100人全員について刑事処分を見送った。

公選法には買収された側も処罰規定があり、法定刑は3年以下の懲役か禁錮、または50万円以下の罰金と定める。そのため買収事件では、受け取った側も立件するのが普通だ。しかも、地元議員も政治家であり、一般有権者より高度の廉潔性が求められている。

検察当局の処分見送りは、複数の首長が受領を認めて辞職したこと、克行が一方的に渡していたこと、一部は返金したことなどを考慮したため、と報道されたが、検察当局が河井夫妻を起訴するため地元議員らと「脱法的な司法取引」をしたのではないか、との指摘もあった。2018年6月に導入された日本版司法取引では公選法違反は対象外とされている。

受領側の１００人の処分について、東京地検特捜部副部長の市川宏は「起訴すべきものは起訴した」と繰り返すばかりで、立件見送りの理由については「捜査の内容なので差し控える」と明かさなかった。

8月25日、東京地裁で開かれた初公判で、河井夫妻は現金提供の事実はおおむね認めた上で、「選挙運動の報酬として現金を渡したことはない」などと述べ、ともに起訴内容を否認した。

検察側は冒頭陳述で、克行が選挙運動全般を取り仕切る「総括主宰者」の立場だったとし、ほぼ接点のなかった人や疎遠な人にも「なりふり構わず、選挙運動の報酬として現金供与した」と指摘。現金を受け取ったとされる地元議員や後援会関係者ら１００人全員の実名を明かした。

これに対し、弁護側は地元議員らに配っていた現金は統一地方選の陣中見舞いや当選祝い、寄付などにあたるとし、適法な政治活動だったと反論。検察が現金を受け取ったとされる地元議員ら１００人全員の刑事処分を見送ったことを「同種事例に照らして著しく均衡を欠く」と批判し、「公訴権の乱用だ」として裁判の打ち切りも主張した。

公選法は、議員本人らによる買収事件は起訴から１００日以内に判決を出すよう努める百日裁判で審理すると定めている。しかし、弁護側は買収の意図を認めたとされる地元議員らの供述調書の大半に同意せず、検察側はカネを受け取った地元議員ら１３９人の証人尋問を求めた。地裁は12月まで55回の公判期日を指定した。

結果オーライ、勇退の花道に

検察は、法務大臣まで務めた大物政治家が、自ら多数の地元議員を買収したとされる大型事件の摘発という「成果」を上げた。有罪になるかどうかは裁判の結果を待たねばならないが、少なくとも起訴にまで持ち込めたことをとれば、2020年1月15日に河井側に対する強制捜査に突っ込んだ検事総長の稲田の決断は、その思惑は別にして、結果として正しかったことになる。稲田は、河井夫妻逮捕、起訴について特にコメントは出さなかった。担当記者らは「表面は冷静さを取り繕っているが、(勇退の)いい花道ができた、と内心はほくほく」と見立てた。

特捜部は6月25日、公設秘書が選挙区内の有権者に香典を渡していたとして、公選法違反の疑いで告発されていた前経済産業相の菅原一秀について、「公選法を無視または軽視する姿勢が顕著とまでは言いがたい」として不起訴処分(起訴猶予)にした。稲田検事総長時代の仕掛かり事件の滞貨一掃だった。

そして稲田は、河井起訴から9日後の7月17日に勇退し、東京高検検事長の林に検事総長の椅子を託した。

謎――警察は何をしていた?

話は本筋からずれるが、この河井事件でどうしても腑に落ちないことがある。警察の動向だ。

選挙違反の取り締まりは、一義的にはその地域の警察の仕事だ。広島県を舞台にした選挙違反であれば、広島県警が広島地検と相談しながら、被疑者に対する捜査を進め、悪質なものは県警が逮捕する。主役は警察。それが通例だ。なのに、今回、県警は影が薄く、全く存在感がなかった。

特に、総選挙や参院選など国政選挙の違反捜査は、全国の警察にとって一大イベントだ。巨額の予算が用意され、都道府県の警察本部には期間限定の選挙違反取締本部が設置される。それを警察庁が統括する。内偵段階から違反情報について詳細な報告を受け、「目玉」になりそうな事件の絞り込みなどにもかかわるとされる。都道府県警は、管轄の地検に事件摘発の相談をする前に警察庁に指示を仰ぐ関係なのだ。

警察は、検察とは比較にならない強力な情報力を持つ。交番ネットワークに加え、選挙捜査にたけた多数の捜査員が国会議員秘書や地元議員、選挙ブローカーら選挙の舞台裏に通じた人たちから広範に選挙違反情報を収集する。対立候補側の切り崩しに現金が乱れ飛んだ河井陣営の活動を見逃すはずがないのだ。

仮に、克行が繰り広げた現金買収をキャッチできなかったとしても、ウグイス嬢の法定外報酬疑惑がある。「週刊文春」は短期間の遊撃的な取材でそれをキャッチできた。常識的に考えれば、強力な情報網と専門捜査組織を持つ広島県警は、ウグイス嬢問題をとっくの昔に把握していたとみるべきだろう。

当然、有力政治家の違反事件として警察庁に報告しただろう。しかし、広島県警が河井夫妻のウグイス嬢法定外報酬事件に捜査のメスを入れることはなかった。

警察庁は官邸と緊密な関係にある。官房副長官の杉田ら警察庁ＯＢの幹部が官邸の要職を占め、警察庁の幹部候補生が官邸官僚として出向する。彼らは政権の危機管理を担い、与党議員にかかわる選挙違反情報について重大な関心をもっている。そして、河井が安倍や菅の側近であることは周知の事実である。

あくまで憶測の域を出ない話ではあるが、広島県警はウグイス嬢への違反情報をつかんで警察庁に報告したのではないか。そして警察庁は、捜査すると河井夫妻が傷つき、ひいては安倍政権にダメージになると忖度し、広島県警に立件見送りを指示したのではないか。

そうでないとすると、逆に、広島県警の情報収集能力に疑問符がつく。もし県警が情報をキャッチしながら警察庁に報告せず握り込んでいたとすると、それは重大なサボタージュだ。

広島地検の依頼で1月15日の河井陣営に対する一斉捜索に協力した広島県警は、その後の捜査については、地検に委ねてあっさり手を引いた。メンツを重んじる警察はこういう場合、泣きついてでも検察側に共同捜査をさせてくれ、と求めるのが普通だ。

2019年7月の参院選で選挙違反取締本部を設置した広島県警は、河井陣営の選挙違反についてどういう捜査をしたのか。筆者は9月17日、広島県警に、①ウグイス嬢の法廷外報酬など違反の事実を把握していたのではないか、また、②捜査に乗り出さなかったのは、夫の河井克行が安倍首相の側近であるため、警察庁が官邸に忖度して、捜査を止めたのではないか、との質問状を送った。広島県警総務部広報課は9月23日、「個別具体的な案件については回答を差し控える」としたうえで、「警察庁が官邸に忖度して、捜査を止めたのではないか」との質問については「そのような事実はない」と回答した。

第8章　法務・検察の迷走

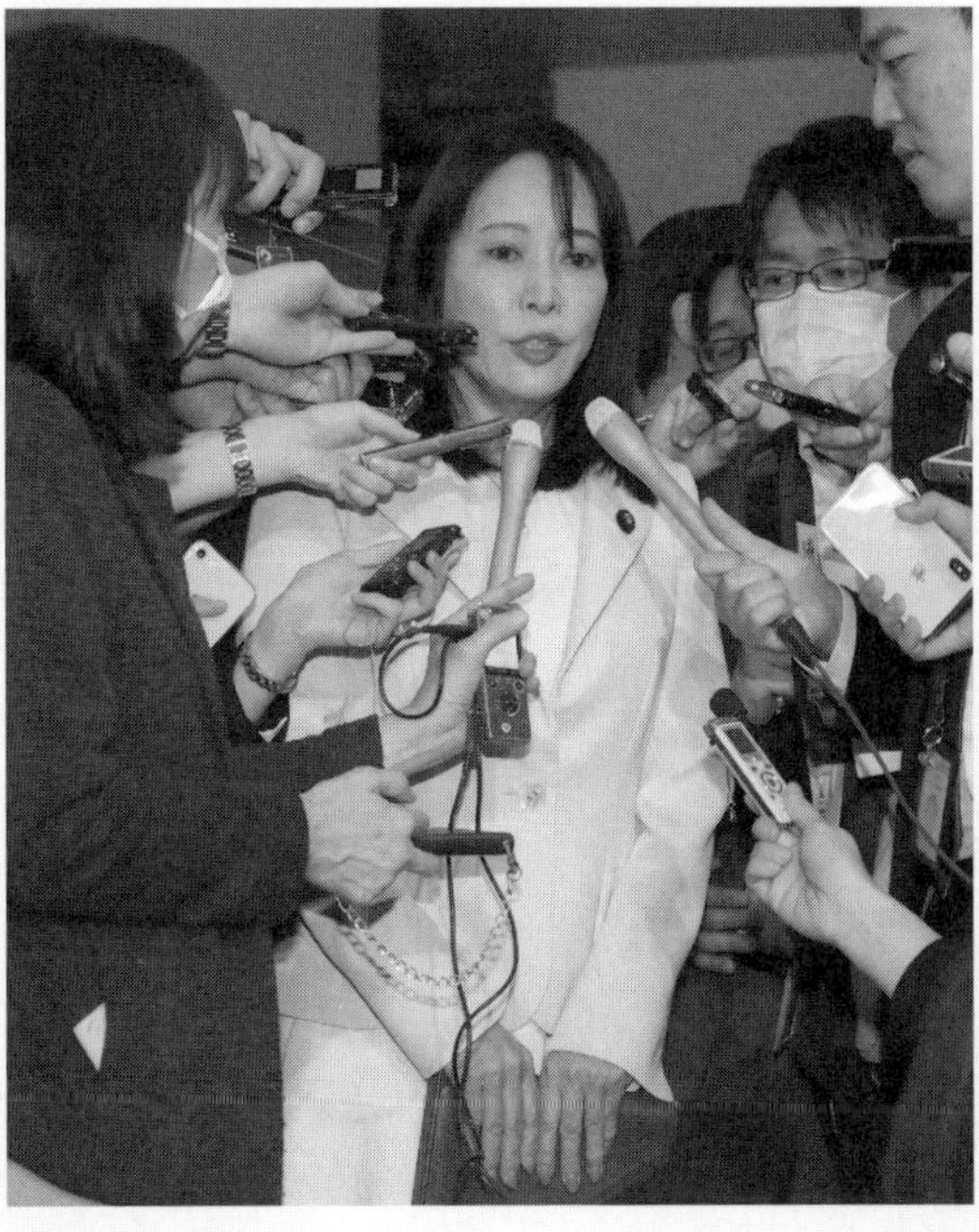

問題発言の撤回と謝罪をする森法相（2020年3月）産経新聞社

第1節　勤務延長閣議決定の衝撃

検事総長含みの勤務延長人事

「定年延長です」

その短いメールが筆者に届いたのは2020年1月31日朝。2月7日に63歳の定年を控えた東京高検検事長の黒川について、政府が、定年後も継続して半年間、勤務を延長すると決めた。そのことを、黒川に近い検察幹部が連絡してきたのだ。

序章でも説明したように、この検事がいう「定年延長」は「勤務延長」のことである。定年を迎えた後、引き続き勤務することをいう。

この検事と筆者は、しばらく前から、定年を間近に控えた黒川の処遇のシミュレーションで、「退官」や「検事長のまま勤務続行」などの議論をしていた。その際、「定年後の勤務の延長」について「定年延長」という言い方で話していた。それゆえ、この検事は、勤務延長を「定年延長」と記して連絡してきたのだ。

それもあって、筆者はインターネット新聞「法と経済のジャーナルAsahi Judiciary」のコラムなどで1月31日以来、黒川の勤務延長について、「定年延長」と記してきた。ただ今回、書籍を編むに際し、正確な表現にすることにした。

日本の検察制度の基本法となる検察庁法は「検事総長は、年齢が65年に達した時に、その他の検察官は年齢が63年に達した時に退官する」（第22条）と定めている。定年の引き上げや勤務延長の規定はない。

この検察庁法22条に従い、検事総長をはじめ定年を迎えた検察官は例外なく退官してきた。検察官の勤務が定年後に延長されるのは前代未聞だった。そこまでして黒川を検察官の身分にとどめるのは、検事総長の稲田の後継に黒川を起用する含みがあるのは明らかだった。

電話で検察幹部から話を聞いた。

「（法務省が）国家公務員法で、検事でも定年（勤務）延長できる、と。とりあえず、現状維持。身分は検事長のまま。（黒川に）検事長として仕事をさせようということ。当面、ゴーンの身柄確保などに向けてやらねばならないことがある。稲田総長は5月に辞めるだろう。（黒川は）総長の話があれば断らない。天命と思って受けるだろう。稲田は林にちゃんと経緯を説明しなければならない」

法務・検察では、名古屋高検検事長の林が次期検事総長の本命とみられてきた。黒川が次期検事総長になると、誕生日の関係などから林が検察官のまま総長になる目はなくなる。

幹部が、林に対する稲田の「説明責任」に触れたのは、林が稲田から繰り返し、次期総長は君だ、と示唆され、それに向けて心の準備をしていた、と受け止めていたからだ。幹部の言葉からは、林にとって、信頼していた稲田の「変心」はさぞショックだろう、との惻隠の情も感じられた。

勤務延長の理由は「業務遂行上の必要性」

法相の森雅子は2020年1月31日午前に開いた閣議後の記者会見で、黒川の「任期延長の理由」を質問され、以下のように答えた。

森法相：黒川検事長は、令和2年2月7日限りで定年に達するところでございますが、検察庁の業務遂行上の必要性に基づき、引き続き勤務させることを決定したものでございます。

答えは、あっさりしたものだった。しかし、それ以上、記者の突っ込みもなかった。森の言う「検察庁の業務遂行上の必要」とは何を指すのか。

黒川の勤務延長は、国家公務員法81条の3「その職員の職務の特殊性又はその職員の職務の遂行上の特別の事情からみてその退職により公務の運営に著しい支障が生ずると認められる十分な理由があるときは、定年退職日の翌日から起算して一年を超えない範囲内で引き続いて勤務させることができる」に沿って決定された。

東京高検検事長は、東京高検管内の検察事務を取り仕切る。中でも、重視されるのが、東京地検特捜部が捜査する重要事件の捜査や公判の指揮だ。当時、特捜部は、IR事業をめぐり、中国企業から376万円の賄賂を受け取った収賄容疑で衆院議員の秋元司を起訴し、追起訴に向けた捜査を続行中だった。その関連で外資系の大手カジノ業者の東京の拠点も捜索していた。

19年の暮れには、金融商品取引法違反（有価証券虚偽記載）や特別背任の罪で特捜部が起訴し、保釈中だった前日産自動車会長、カルロス・ゴーンがレバノンに逃亡。その身柄確保に向けた捜査にも傾注していた。

ゴーンから米国在住の親族に「日産マネー」が流れた疑いも浮上していた。ＩＲ事業をめぐる大手カジノ業者のカネの流れの解明も含め、米司法省に捜査協力をあおぐ必要があった。黒川は、法務省勤務を通じて米司法省の事情に詳しく、知己も豊富だった。

とはいえ、それらの捜査や外交折衝は黒川でなくてもできなくはない。勤務延長の本当の狙いが検事総長昇格に向けた「待機」であることは明白だった。森が述べた「業務遂行上の必要」との説明は、のちに、国会で「黒川でなければいけない検察業務などない」と追及を受けることになる。

閣議決定の衝撃

黒川の勤務延長は、多くの法務・検察関係者やマスコミにとって衝撃のニュースとなった。それが決まった1月31日、別の中堅検察幹部は「まずは、ひたすら『驚き』というのが平均的反応。何が起こったのか、起こるのか、理解が追い付かず、様子見というところでしょうか。ちょうど今夜、名古屋では（林の）ご栄転を前提の送別会が開催予定との未確認情報もあり、ちょっといたたまれない気持ちになります」と検察庁内の様子を伝えてきた。

旧知のＮＨＫの元司法記者は「驚きましたー。こんなやり方があるのですね。林さんの目がこれでなくなったということですね。官邸介入と（いろいろなメディアによって）また書かれるんでしょうね。私は黒川さん、買ってるのですが」とのメールを筆者に寄せた。

東京地検特捜部副部長、同特捜部長、次席検事、検事正として政界汚職や大型経済事件を摘発した弁護士の石川達紘は「びっくりした。あんなことあるのかと。（検事総長は）黒川氏がいいのに決まっているが、林氏もいたたまれない。そっちも可哀そう。稲田総長が気を利かせて早めに辞めればよかったのに」と話した。

先に触れたように石川は、林が捜査を担当した第一勧銀の総会屋への利益供与事件、黒川が捜査を担当した新井将敬事件のころの東京地検検事正だ。2人を高く評価していた。

石川は、政府が国家公務員法にもとづき勤務延長したことについて「国家公務員法は適用範囲の広い一般法。検察庁法は特定の事項を定める特別法。特別法は一般法より優先されるのが普通の法律解釈だ」と指摘した。つまり、本来は検察庁法が想定する「定年がきたら退官する」との定年規定が優先され、検察庁法に規定のない勤務延長を国家公務員法を根拠に行うのは筋ワルだとみたのだ。

石川から特捜部長を引き継ぎ、金丸信元自民党副総裁の政治資金規正法違反や脱税事件を摘発した弁護士の五十嵐紀男はより深刻に受け止めた。

「勤務延長したのは、内閣が黒川氏を次期検事総長に据えようとしているということ。林氏を後継とする稲田総長の人事案が受け入れられなかったということだ。内閣はそこまでやるのか」と古巣を案じた。

第2節　動転した検察

林の動向に戦々恐々

多くの検察関係者には、この勤務延長が「検事総長人事の大どんでん返し」に見えた。検察部内では2019年秋ごろから「次期検事総長は林で決まり」との情報が広まっており、林自身、そう受け止めていたとみられる。

ただ、本来なら20年1月上旬発令の東京高検検事長への内示は、12月17日の閣議で決まるとみられていたのに黒川、林とも人事は凍結された。次の23日の閣議で決まった人事も、上野友慈・大阪高検検事長が辞職し、その後任に榊原一夫・福岡高検検事長を、榊原の後任に井上宏・札幌高検検事長を充てる小規模のものとなった。

林自身、雲行きの怪しさを感じていた。

「もう東京高検検事長、検事総長、決まりなんでしょ」と問う知人に「年末が勝負」と話したという。結局、年を越しても、法務省からは何の連絡もないまま、1月末の閣議決定を迎えた。

東京高検検事長は、「総長候補」にとっては、検事総長への階段を昇るうえで外せないポストだ。検事総長含みで黒川が8月7日まで東京高検検事長に留まることになると、林は自動的に7月末、名古屋高検が終着駅になる。黒川によほどのハプニングがない限り、林の検事総長の目はなくなったことを意味したのだ。

林シンパの検察幹部は少なくなかった。林が、この勤務延長人事の非を鳴らし「検察の人事に対する政治の不当な介入だ」と声を上げれば、林を支持する検察内外の勢力が結集する可能性があった。検察庁内は二分して泥仕合になり、国民の信頼を失うのではないか、と法務・検察幹部は恐れた。

実際、林の直属の部下となる名古屋高検管内の検事正が「国家公務員法の不当な解釈による違法な人事ではないか」などと公言している、との話も流れた。複数の民放のニュース番組は、検察内部に、政権が法律解釈で勤務延長できるということになると、検察の独立は守れない、などの声があると伝えた。

林は、黒川の勤務延長が決まってから数日間、公の場から姿を消した。密かに上京したとの情報が伝わると、法務・検察首脳らは戦慄した。林が、マスコミのインタビューを受けて、人事の不当を訴えるのではないかと心配したのである。そうなれば、1968年の日通事件の際、東京地検特捜部で起きた「連判状」騒動のような混乱が予想された。

日通事件では「連判状」署名

日通事件は、政府所有の米麦の独占輸送をする日本通運の幹部が、多額の会社資金を着服していたほか、自社に不利な国会質疑を封じようとして、日通労組出身で社会党参院議員の大倉精一に200万円、自民党衆院議員の池田正之輔に300万円を贈った事件。大倉はあっせん収賄罪で起訴され死亡により公訴棄却。池田は受託収賄罪に問われ懲役1年6月の刑が確定した。特捜部の捜査の過程で、捜査のターゲットになった池田と、検事総長の井本台吉が東京・新橋の料亭で会食していたことが発覚した。特捜部が大倉に続き池田の逮捕も求めたのに対し、井本が在宅起訴を決めたことに特捜部は反発。特捜部の多くの検事が井本批判の「連判状」に署名する騒ぎになった。検察幹部の説得で「連判状」が公になることはなかったが、これにかかわった有力特捜幹部の左遷や退官につながった。以後、1976年のロッキード事件まで8年間、政治家の摘発はなくなった。

筆者は、血気盛んな検事たちが黒川の勤務延長人事を、どう受け止めているのか気になった。案に相違して、閣議決定直後の検察部内の受け止めは、複雑ではあるが冷静だった。

「今回の人事は、現場の検事、事務官にとって具体的な事件の捜査処理方針をめぐる問題ではない。黒川さん、林さん、そして稲田さんは、所詮、雲の上の存在。現場に影響力のある人が旗を振らない限り、何も起きないのでは」（中堅幹部）

密かに上京していた林は、元検察首脳ら複数の法務・検察関係者と、この事態にどう対応するか、相談していた。その結果、沈黙することを決めた。林は、その後、何事もなかったかのように、名古屋高検に出勤。日常業務をこなした。

野党の攻勢

一方、黒川の勤務延長人事は、野党による政権追及の格好の材料となった。閣議決定から2日後の2月2日、立憲民主党代表の枝野幸男はさいたま市での講演で、「(黒川は)安倍政権の意に沿い、法務行政を牛耳ってきたと言われている」と指摘。さらに、記者団に「首相を逮捕するかもしれない検察まで、安倍官邸が恣意的に動かすことは許されない。間違っても検事総長にしてはいけない」と語った。

野党は翌3日の国会対策委員長会談で、黒川の勤務延長問題を追及していく方針を確認。同日の衆院予算委員会で国民民主党の渡辺周(その後、立憲民主党)が「東京高検の検事長として、誕生日の1週間前に駆け込みで定年延長(勤務延長)しなければならないほどの緊急性や必要性は一体何ですか」「過去にこんなことはあったんですか」と追及した。

法相の森は「検察官については(前例が)ございません」と述べたが、続けて「(検察官も)一般の国家公務員に当たりますので、国家公務員法による勤務延長は過去にも前例がございます」と答えた。法務・検察はこれ以後、劣勢に追い込まれていく。

法務省にとって、勤務延長が野党の集中攻撃対象になるのは想定外だった。「せいぜい、法務委員会で追及されて収まると思っていたが、予算委が舞台になるとはね」と法務・検察幹部は唸った。

野党の追及と連動したマスコミの報道で、検察の公正中立に疑念の目が向けられるようになると、検察現場には次第に不安が広がった。社会の秩序維持のため犯罪を摘発して裁判にかける検察の仕事は、国民の信頼と協力で成り立っている。その信頼がなくなると、組織は存在意義を失い、検事や事務官はプライドをもって取り組んできた従来の仕事をできなくなるのではないか、という心配だ。

閣議決定直後には冷静だった先の中堅幹部は「このままでは、検察も、われわれも、ゆでガエルになるのではないか」と不安を募らせた。この検事のいう「ゆでガエル」とは、水を徐々に温めると温度の上昇に気づかず沸騰した湯の中で死ぬカエルと同様、検事や検察組織もゆるい環境変化には気づかず、最終的に致命的な状況に至ることを指す。

長官会同での検事正の発言

そうした中、全国の高検や地検のトップが一堂に会する「検察長官会同」が2月19日、法務省で開かれた。黒川の勤務延長は議題に含まれていなかったが、静岡地検検事正の神村昌通が質問に立った。

会同に出席した検察幹部によると、神村は「検察は不偏不党で運営してきたのに、今回の人事で政権との関係に疑念の目が向けられている。このままでは検察への信頼が疑われる。国民にもっと丁寧に説明をするべきではないか」との趣旨の発言をした。質問を引き取った法務事務次官の辻は「延長の必要性があった」と答えるだけだったという。

やりとりは緊迫感漂うものだったようだ。「会場は凍り付き、稲田総長は真っ赤になり、辻次官は怒りもあらわだった」「渦中の方（黒川）は、上方を見つめ、泰然自若だった」などの話が検察幹部の間で流れた。

神村は法務省刑事局総務課長、官房秘書課長を歴任したエリートだったが、官房長や刑事局長などの主要ポストには就かなかった。秘書課長時代の直属の上司が官房長の黒川だった。神村はその後、部外には何も語らず、これに続く現役検事からの公の場での発言、情報発信もないまま、3月30日付で千葉地検検事正に異動した。

神村は、黒川シンパでも林シンパでもなかったようだ。法務省の本流から外された人事に対する不満が背景にあるのでは、との穿った見方をする検察幹部もいたが、神村は目の前で起きた異常な人事について、検察組織の一員として心底、危機感を持ち、それを黙っていられなかったのだと思われる。本来は、検察のリーダーであり、黒川の次期検事総長含みの勤務延長を了承した稲田が、きちんと事実経緯を説明すべきだった。しかし、稲田は沈黙を守った。もう一人の当事者である林は、この会議でも発言しなかった。

法務省では、林について、検事総長に代わる処遇として最高裁判事に起用する調整を密かに進めていた。検察出身の最高裁判事が２０２１年に70歳の定年で退官するのを待ち、その後任に据えるというものだ。林も最高裁判事になることを了承していたとみられる。

林は固く口をつぐんだ。結果として、一連の騒動の間、林は、名古屋という「安全地帯」に隔離された格好になった。

一方、東京高検検事長にとどまった黒川は、野党やマスコミの批判でずたずたになり、5月22日、賭け麻雀発覚による不本意な辞職に追い込まれた。その黒川に代わり、林は同月26日、「無傷のプリンス」として、次期検事総長含みで東京高検検事長に「返り咲」いた。そして7月17日、検事総長に就任した。林にとって、まさに「沈黙は金」となった。

第3節　世論の怒りと国会の迷走

勤務延長への疑念

黒川の勤務延長問題の最大の論点は、「国家公務員法の規定によって検察官の勤務を延長できる」という法解釈の正当性だった。検察庁法は、検察官の定年年齢と退職時期を定めており、勤務延長を想定していない。人事院は1981年4月の衆院内閣委員会で「検察官には国家公務員法の定年制は適用されない」と答弁していた。野党側は、この答弁を根拠に「黒川を検事総長にするために官邸主導で違法な定年延長を行ったのではないか」などと政府を追及した。

法相の森は2020年2月7日の閣議後の記者会見で「違法ということはなく、法律の適用に問題はないと考えております。（略）検察官については一般職の国家公務員でございまして、国家公務員法の規定により、いわゆる勤務延長制度が適用されるものでございます。検察官であっても、（略）人事院規則に書いてあるような、勤務延長の理由が生じることがあると考えております」と説明した。しかし、先にも触れたように適用範囲の広い一般法である国家公務員法に対し、検察庁法は特定の事項を定める「特別法」の関係にある。「特別法は一般法より優先される」というのが普通の法律解釈だ。検察庁法には勤務延長規定はなく、定年を迎えた検察官は例外なく粛々と退官してきたこともあって、先の石川を含め検察OBの弁護士ら多くの法律家が、国家公務員法の規定によって黒川の勤務を延長した法務省側の解釈は筋ワルと受け止めた。

2月10日の衆院予算委員会で山尾志桜里（当時、立憲民主党、その後、国民民主党）は、この人事院答弁を取りあげ、「（黒川の）人事に法的根拠があったか見直す必要がある」と追及。山尾の「1981年の内閣委の議事録は読んだか」との質問に対し、法相の森は「議事録については詳細を存じ上げておりません」と認めた。法務省側は議事録の内容を確認していなかった。山尾のクリーンヒットだった。

法務省事務方は森に対し、人事院の「81年の解釈」そのものについては説明していたが、肝心の議事録については見ていなかったのだ。明らかに失策だった。森も、法務省事務方の不安定な答弁準備に不信を抱き始める。

首相の「解釈変更」答弁

一方、首相の安倍は2月13日の衆院本会議でこの論点について「検察官については、昭和56年当時、国家公務員法の定年制は検察庁法により適用除外されていると理解していたものと承知しております。他方、検察官も一般職の国家公務員であるため、今般、検察庁法に定められている特例以外については、一般法たる国家公務員法が適用されるという関係にあり、検察官の勤務延長については、国家公務員法の規定が適用されると解釈することとしたところです」と答弁した。

野党やマスコミの一部は、この答弁を「解釈変更」と受け止め、事実上の法律の書き換えだと反発した。翌2月14日の朝日新聞朝刊は「首相、定年延長『解釈変更』 国家公務員法、検察官に『適用』」の記事で「安倍内閣として解釈を変更したことを明言した。時の内閣の都合で立法時の解釈を自由に変更できるとなれば法的安定性が損なわれる恐れがあり、批判が出ることは必至だ」と断じた。

しかし、議事録を読む限り、安倍は「解釈変更」とは言っていない。「適用されると解釈することとした」と言っているだけだ。安倍の答弁は、もしかすると、検察官の勤務延長が現行法で可能であると「新しく解釈した」、あるいは「解釈を確定」した、ということを意図していたのかもしれない。

少なくとも、法務事務次官の辻らはそういう意図だったのだろう。しかし、それもまた、いかにも無理筋の、あり得ない解釈だ。法務省では、従来、国家公務員法の規定で検察官の勤務延長をしたことがなかった。これは、延長できると解釈したことがなかったというだけでなく、延長できないと解釈していたことを示している。

安倍政権は、それまでの歴代の自民党政権が憲法に違反するとしてきた集団的自衛権の行使を、憲法を改正するのではなく、憲法の「解釈」を変更することで認めた「前科」があった。野党はそれをルール違反だと批判した。安倍政権が、検察首脳の人事を意のままにするため、またしても、法律によらず、解釈変更という禁じ手を使ったのではないか、との見方が野党やマスコミにはあったとみられる。

その後も衆院予算委で人事院幹部が、数日前に行った勤務延長をめぐる法解釈についての答弁を「言い間違えた」と釈明したり、法務省が人事院と法解釈をめぐって協議した経緯を示す文書に日付がなく「口頭で決裁した」と説明したりしたため、野党は、閣議決定前に解釈変更を行ったとする政府の説明自体が虚偽ではないか、と主張し国会は紛糾した。

2月26日の同委では、立憲民主党代表の枝野が「無理をして延長させ、(黒川を)検事総長に充てようとしているのは、『桜を見る会』に対する政治資金規正法(違反)の捜査を防ごうとするものだと疑われている」と声を張り上げた。これに対し、森は、勤務延長は適正手続きで行われたとの姿勢を崩さず、質問されてもいないのに「今回の人事について、首相や菅義偉官房長官から指示があったことはない」と答弁する一幕もあった。

森の「検事が逃げた」発言

さらに森は3月9日の衆院予算委で、「(勤務)延長が求められる社会情勢の変化」を説明する答弁でいきなり、「東日本大震災のとき、検察官は、福島県いわき市から国民が、市民が避難していない中で、最初に逃げたわけです。そのときに身柄拘束をしている十数人の方を理由なく釈放して逃げたわけです」などと発言。首相の安倍は不適切として厳重注意し、幕引きを図ったが、野党側は「資質に問題あり」として法相退任を求める騒ぎになった。森は発言を撤回した。

森の発言は、勤務延長の質問への答弁として、脈絡上は不用意・不的確ではあったが、無理もない面もあった。震災発生5日目の2011年3月16日、福島地検はいわき支部を閉鎖し、福島地裁いわき支部の場所移転に合わせて、執務場所を郡山支部に移した。地方でも、検察庁は、警察署や海上保安署など治安機関の中心に位置する存在だ。そんな検察の支部を閉鎖すれば、地元の人たちは、「見捨てられた」、「私たちを置いて逃げたのか」という心理になり得る。

しかも、検察は、3月11日から16日にかけ、福島、仙台両地検が「容疑者の安全確保が困難になった」などとして警察の施設に勾留中だった容疑者ら計58人（福島31人、仙台27人）を、相次いで釈放した。福島地検が釈放した女性がコンビニに侵入し現行犯逮捕されたほか、釈放者の中に覚醒剤取締法違反容疑の暴力団組員らも含まれていたことから、市民や警察から批判が相次いだ。当時野党議員だった地元選出の森も、検察の対応を厳しく批判。福島地検検事正が事実上、更迭された。

森の「検事が逃げた」発言について法務省は、「ライフライン途絶などで一時的に福島地検いわき支部から郡山支部に移ったものだ」として「逃げた」発言を事実上否定。容疑者釈放も「庁舎が甚大な被害を受け、起訴に必要な捜査が困難だった」との見解を示した。森はその後、「個人の見解だった」「法務省が確認した事実と異なる事実を発言してしまった」などと弁解した。

「森さんは、どうしちゃったのか。震災発生当時の憤りが再燃したのか、民主党政権を攻撃したときの高揚感を思い出したのか、民主党系野党が検察の独立を主張する『偽善』あるいは『ご都合主義』に一矢報いたかったのか。実は検察官が嫌いだ、ということは、はっきりしてしまいましたね。ただ、大臣の失言のおかげで、（福島地検）いわき（支部）の『逃げた』『理由なく釈放した』という風評は事実に反すると、政府としても、また、与野党問わず国会でも、公認された。怪我の功名」と中堅幹部は評した。

他方、法務・検察幹部は、法務事務次官の辻らの国会対応を危惧していた。

「謀略論まで出てきた。協議文書の日付の問題は、役所のパソコンのログ（記録）を出せば、いっぺんに解消する。閣議決定前に各省合議するのは当たり前。うちは、ズルしていないんだから、辻らは本当のことを言えばいいのに。ログは、（「桜を見る会」問題などに）飛び火するから官邸が了解しないいかな」

安倍の後援会関係者が多数招待されていた「桜を見る会」問題で、13～17年度の招待者名簿は公文書管理法で定められた管理簿への記載がなかったことが判明。立憲民主党代表の枝野が電子データを廃棄したログの開示を求めたが、安倍は「悪意ある第三者による不正侵入などを助長するおそれがある」と拒否していた。

マスコミも人事の撤回求める

マスコミの一部も批判の声を上げた。

毎日新聞は2020年2月21日の社説「検事長の定年延長問題　これでも法治国家なのか」で「強引な解釈変更を取り繕うため、無理に答弁を修正し、つじつまを合わせたとしか見えない。このようなことが繰り返されれば、官僚組織は成り立たなくなる」と批判。

2月26日の朝日新聞の社説「検察の人事　首相の責任で撤回せよ」は「強大な権限を持つ検察には厳正公平が何より求められる。自分たちの足元を掘り崩している認識はあるのか。（略）首相や菅官房長官は、定年延長は法務省の要請を聞き入れただけで、責任はすべて同省にあるかのような態度をとる。国民を愚弄してはいけない。このような措置が官邸の意向抜きで行われることなどあり得ないと、誰もが見抜いている」と主張した。

朝日新聞は、投書欄でも「検事長定年延長、政治利用は」（2月13日）、「黒川検事長は自ら身を引いて」（2月17日）、「検事長定年延長、法曹界は声を」（2月27日）との読者の意見を相次いで掲載した。

東京新聞も2紙と歩をそろえ、3月1日の社説「週のはじめに考える　権力は『無罪』なのか」で「国民には政権が嘘を重ねているように映っています。それでも『解釈変更だ』路線で突っ切るつもりでしょう。首相が『権力は先天的に無罪である』ように振る舞っているためです」と政権を皮肉った。

日弁連の抗議に対する検察側の憤懣

さらに、法務省は、野党やマスコミの感情を逆撫でする行動に出る。

政府は3月13日、国家公務員の定年を段階的に65歳へ引き上げる国家公務員法などの改正に合わせ、検察官の定年を、現行65歳の検事総長を除き、63歳から65歳に段階的に引き上げる検察庁法改正案を閣議決定した。63歳で幹部ポストから退く検事に「役職定年」を設け、さらに、内閣や法相が「特別の事情」を考慮して必要と認めた幹部検事については、最長で3年間の勤務延長を可能にする特例規定が盛り込まれた。

4月6日、日弁連の荒中《あらただし》会長は、黒川の勤務を延長した閣議決定の撤回を求める声明を発表。併せて検察庁法改正案にも反対した。声明は、これまで検察官に国家公務員法の勤務延長が適用されないと解釈されていたのは「人事に政治の恣意的な介入を排除し、独立性を確保するためだ」と指摘。解釈を変更し、黒川の勤務を延長したことは「法の支配と権力分立を揺るがすと言わざるを得ない」と批判した。

日弁連は、司法制度をめぐり法務省と対決することが多かったが、1999年に始まった政府の司法制度改革では法務省、裁判所と共同歩調をとり、改革の柱である法曹人口拡大では政府の「年間3000人」という提案を2000年の臨時総会で受け入れて決議。02年、政府目標とする閣議決定につなげた。

以来、法務省幹部らは、日弁連と一定の距離感は保ちつつも理解し合える存在と受け止めていた。それゆえ、今回の日弁連の反対声明に苛立った。

法務・検察幹部は「よそさまの個別の人事に、事情もわからず政治的意見を表明した。法律家集団なんだから、違法と思うなら提訴すればいい。『友好』団体から違法の疑いありと言われれば、（法務省は）怒って当然。詫びを入れるまで、全ての日弁連の行事に協力しないし、法制審議会その他のあらゆる協議に彼らを入れないでいいのでは」と怒りを露わにした。

次第に四面楚歌となっていく状況の中で、法務・検察首脳の苛立ちは募った。かといって、打つ手もないまま、5月8日のツイッター投稿に端を発する「検察庁法改正案」反対のオンラインデモを迎える。その後の検察OBの反旗、黒川の賭け麻雀辞職と安倍の検察庁法改正案の撤回、と続く劇的な展開は、冒頭に記した通りだ。

第4節 「解釈変更」の舞台裏

黒川への忠告

黒川の勤務延長の根拠となった検察庁法と国家公務員法の解釈をめぐる舞台裏を検証する。

2020年1月のある日、東京高検検事長の黒川は突然、法務省刑事局幹部の訪問を受けた。黒川が若いころから可愛がっている検事だ。

法務・検察関係者によると、訪問の時期は黒川の次期検事総長含みの勤務延長が閣議決定される1週間か、10日ほど前だったという。ただ、当時の法務省の状況から考えると、この関係者の記憶違いで、その時期はもう少し前だったかもしれない。

息せききって駆け込んできた刑事局幹部は黒川にこう告げたという。

「辻さんが、あなたに国家公務員法の規定を使って勤務延長を適用すると言ってきた。話があっても受けないでいただきたい」

幹部が黒川に説明したところでは、この日、法務事務次官の辻から突然、「黒川検事長に国家公務員法で勤務延長を適用するので準備してください」と通告された。検事の定年や任免は検察庁法で定められている。勤務延長を国家公務員法の規定に沿って行うにしても、それにかかわる法律問題は法務省の中で検察庁法を所管する刑事局が扱うことになる。

検察官の定年後の勤務延長問題自体は、18年11月、内閣人事局から、国家公務員の定年引き上げなどにからむ「改正の概要」が示されたことがきっかけで浮上した。法務省でも他省庁と同様、少子高齢化に伴う職員の定年引き上げや勤務延長は重要なテーマだった。19年秋の検察庁法改正を目指し、他省庁と歩をそろえて法改正の準備をした。検察庁法改正案の案文について内閣法制局の審査も19年10月末には終わっていた。

ただ、その改正案は、検事総長は65歳、他の検察官は63歳と定める定年規定を改めて、検察官全員65歳まで引き上げ、次長検事や検事長は63歳になると平検事にする、というもので検察官の勤務延長規定は入っていなかった。

結局、政府はこの検察庁法改正案を含む国家公務員法改正案について、19年秋の臨時国会への上程を見送ったため改正は保留となった。

刑事局幹部が驚いたのは、法務事務次官の辻が、検察庁法改正の議論とはまったく別ベースで、検事長である黒川について国家公務員法の規定を使って勤務延長をできる、と考えていたからだ。刑事局幹部にとっては、考えたこともない話だった。仮にそれが法律上、可能だとしても、天皇の認証を得て内閣が任命する検事長について、法律の明文規定でなく「法解釈」で規定を適用するとなれば、国会などで問題になってもおかしくなかった。どう見ても筋ワルだ、と刑事局幹部は感じた。この勤務延長が黒川の次期検事総長含みのものであることは明白だった。

「それは駄目でしょ。ただでさえ、週刊誌などで黒川さんは『官邸に近い』と書かれている。そういう事実はないにしても、国公法で勤務延長すると、官邸が『使いやすい奴を検事総長にしたんだね』と世間に受け止められてしまう」

しかし、辻は「大丈夫だ、大臣を説得できる。黒川さんも受けてくれる」と自信たっぷりだったという。幹部にはそれが意外だった。

安倍政権を何とか揺さぶりたい野党にとって、格好の攻撃材料となることは明らかだった。立法のプロである黒川がこんな話を受けるはずがない。何かの間違いだろう、とこの幹部は受け止め、その確認を含めて黒川を訪ねたのだった。

幹部の話を聞いた黒川は「これはすべて辻に任せているんだ」と言葉少なに語り、断ると辻が困ってしまうから、というニュアンスを言外に滲ませた。刑事局幹部は説得をあきらめた。

「すべて辻に任せている」

検事総長人事をめぐっては、第6章まで述べてきたような複雑な経緯があった。黒川は2016年9月から19年1月まで法務・検察の事務方の人事の責任者である法務事務次官として、そのゴタゴタにかかわり、それを辻に引き継いだ。いわば、いま辻が抱えている人事の問題は、黒川時代の人事の後始末でもあった。「すべて任せている」の言葉の中に黒川の思いが凝縮していた。

この一件で、刑事局幹部ら法務省幹部の多くが、辻のやり方に違和感を持った。次期検事総長含みの検事長の勤務延長という重大な問題なのに、辻はその決定直前まで、法務省事務方ナンバー2で検察庁法を担当する刑事局長や、官房の主要幹部に諮らず、ごく少数のメンバーだけで検討を進めていた疑いがあったからだ。法務省では異例のことだった。

もちろん、辻の一存ではなく、検事総長の稲田の了解のもとで動いているのは明らかだった。刑事局幹部らは辻らのその「秘密主義」ゆえに、本来、法務省として準備しておかなければならない作業ができなかったと受け取めたのだ。

勤務延長を実施するにしても、検察庁法を所管する刑事局が、検察庁法と国家公務員法の従来の運用や法解釈などを詳細に調査し、人事院、内閣法制局と綿密な調整を図ったうえ、国会での質問に備えて論点を整理し、じっくり理論武装をすることが必要だった。

そうしていれば、閣議請議の前に国家公務員法の解釈をめぐり国会で紛糾する可能性に気づき、黒川の勤務延長を選択しなかった可能性があった。もし、勤務延長で突っ走るにしても、少なくとも、法解釈の正当性や人事院などとの協議の不整合を衝かれて立ち往生するような無様なことにはならなかったと刑事局幹部らは考えたのだ。

野党から突っ込まれても、隙のない精緻な理論武装で乗り切る。これが従来の法務省のスタイルだった。今回はそれができなかった。「とんでもないことになるのではないか」。刑事局幹部の危惧は的中することになる。

もっとも、辻らが極秘で進めていたとされる、この「国家公務員法の解釈で黒川の勤務延長をする」案は19年の年末から20年1月初めにかけ、永田町の一部に流出していた可能性がある。政治部記者が旧知の検察幹部に「勤務延長」が法的に可能なのかなどと打診していたようなのだ。その政治部記者の情報源が法務省なのか官邸なのかは、定かではない。

国家公務員法の適用は苦肉の策

黒川の勤務延長は、もろに、検事総長人事とからむ苦肉の策だった。

２０２０年10月1日、法務省で開かれた「法務・検察行政刷新会議」の第5回会議で、検察庁法を所管する刑事局総務課長の佐藤剛は、黒川の勤務延長の経緯などを説明した。

佐藤は「２０１９年11月まで、国公法上の勤務延長制度は検察官には適用されないと解釈していた」と明言する一方、国会で紛糾した「法解釈問題」について以下のように説明した。

「昨年の臨時国会では法案提出に至らなかったことから，本年の通常国会への提出に向けて、改めて昨年12月頃から現行の国家公務員法と検察庁法との関係を検討いたしました。そして、その結果、検察官についてもこれまで適用がないと解釈されていた国家公務員法上の勤務延長制度が適用されると考え、法務大臣に御説明して了解を得て、法務省として解釈を変更したということでございます」

「昨年（19年）12月頃」というのがミソだった。この時期は、先に触れたように、法務事務次官の辻が、20年1月中の黒川検事総長実現のため検事総長の稲田に勇退を迫り、稲田がそれを渋ったため、にっちもさっちもいかなくなりつつあった頃だ。

2月に定年を迎えてしまう黒川を稲田の後継にするには、東京高検検事長のまま検事総長候補として「待機させる」必要があった。それを実現するには定年後の勤務延長が必要だった。

背に腹を変えられない辻らは、検察官には適用されないと解釈してきた国家公務員法の勤務延長規定について、検察官の勤務延長なのだから、その規定の解釈権限は法務省にある、俺たちが使えると判断すれば使える、と整理し、刑事局に投げたのが実態ではなかったか。

前述の刑事局幹部が、黒川に「受けないでいただきたい」と「直訴」したのは、国家公務員法の規定を適用することに法律上は問題ないとしても、従来、同法の規定による勤務延長は使ったことがない——言葉を換えれば、法務省内では、本来なら、使わないものだという認識があったからだろう。

この刷新会議で、委員の後藤昭（一橋大、青山学院大名誉教授）は「何で昨年12月頃から勤務延長制度が検察官にも適用できるのではないかという再検討を始めたのか（中略）最初に黒川氏にそれを適用したところを見ると、それをしたいのがきっかけだったと見るのが言わば情況証拠としては自然に見える」と質問した。佐藤は「黒川氏について勤務延長したいという意見が現れたことがきっかけということではございません」と答えたが、歯切れの悪さを感じさせた。

国家公務員法の解釈によって認証官である検事長の勤務延長をするというのは、常識的に考えれば、法律の専門家ならずともクビをかしげる判断だが、辻の周辺で「それは違う」と指摘した官僚はほとんどいなかったようだ。

その辻の勤務延長案を了承した検事総長の稲田は、内閣法制局に4年在籍した文字通りの法律のプロだ。問題点に気づかないはずはない。しかし、稲田が辻にダメと意見した形跡もない。検事総長の椅子をめぐる葛藤が稲田の目を曇らせたのだろうか。

「飛び切り優秀な人たちがかかわりながら間違えた。頭がよすぎたのか。あれでは迷惑をかけた」と法務・検察ＯＢの重鎮は語った。

「解釈変更」の謎

刑事局総務課長の佐藤は刷新会議で「法務省として解釈を変更した」と明言した。先にも触れたが、安倍の2月13日の衆院本会議での答弁は「検察官の勤務延長については、国家公務員法の規定が適用されると解釈することとした」だった。検察官の勤務延長が現行法で可能であると「新しく解釈した」、あるいは「解釈を確定」した、というニュアンスだ。その表現は、法務省が安倍に振り付けたはずだ。

ところが、安倍は5月11日の参院予算案では「検察官も一般の国家公務員であり、国家公務員法の勤務延長に関する規定が適用されるとの今回の解釈変更は、検察庁法を所管する法務省において適切に行ったものと承知しております」と答弁した。ここでは「解釈変更」と明言している。この答弁も法務省の振り付けだとすると、解釈問題で法務省の立場は、3カ月弱の間で微妙に変化したことになる。法務省として、勤務延長については解釈変更をしたつもりはなかったが、よくよく考えると、解釈を変更してしまったことになる。そこで「じゃあ、解釈変更で行こう」とでも考えたのだろうか。

もっとも、この点について、法相在任中、国家公務員法と検察庁法との関係を検討した衆院議員の山下貴司は、筆者に対し「一般職の公務員である検察官には国家公務員法が適用されるが、検察官の『定年』は検察庁法に定められている。定年の特例である勤務延長規定の適用についての第一義的解釈権限は検察庁法を所管する法務大臣にあり、最終的には内閣が責任を持って解釈するものだ。法相としての私はそう判断していた。だから、黒川さんの勤務延長も何の問題もない。森大臣はそこを丁寧に説明すれば、野党も世論も理解してくれると思っていた」と語った。
山下は国会質問で同様の指摘をして法務省を「アシスト」した。

不可解な改正案提出

もう一つの疑問、なぜ、勤務延長が論議を呼ぶ中で、政府の裁量で検察幹部の定年後の勤務延長をできるようにする検察庁法改正案を法務省が提出したのか。

この「政府裁量による勤務延長」の特例規定については、法務・検察首脳OBらが「検察の独立を守るために、あれだけは絶対駄目だ」と口をそろえる。その筋ワルの法案を、黒川の勤務延長で批判を受けていた2020年3月のタイミングで出したのはなぜなのか。

やはり、野党やマスコミが疑ったように、法務省として、黒川の勤務延長との整合性をとるために、新たに勤務延長制度を法案に入れた、と考えるのが一番自然だと思われる。

法務省は19年暮れ、国家公務員法の勤務延長制度を使って、検察官の勤務延長をできると整理したことから、それに即して同年秋に策定していた検察庁法改正案を修正した。法案は全検察官の定年を65歳に引き上げ、次長検事、検事長は63歳に達すると、平検事にするとした。その際、法務省は、国家公務員法の規定にならって、検察庁法でも同様に検察幹部の勤務延長をできるようにすればいい、と考えたとみられる。

「そうすると、検事長などの任期延長を正面から条文に書き込まないと、63歳を過ぎて検事長などにとどまれないのではないか、という疑議が生じる。それで条文に書き込みにいくことにした。(特例規定は)黒川の延長を後追いで認める意図はなく、法制化技術上、必要な措置だった」(法務・検察幹部)

ただ、狙いがそうであるにしても、黒川の勤務延長問題で国会が紛糾しているときに上程すれば、連想ゲームで炎上することは目に見えていた。この法務・検察幹部も「検察官の定年引き上げは必要で、いずれ検察庁法改正はしなければならないが、どうしても、20年3月に上程する必要はなかった。他省庁の定年引き上げ法案を先に国会にかけるので良かった」と語り、法案提出のタイミングに疑問を呈した。

筆者は、辻に対し、20年9月14日と10月17日の2度にわたり、本書に記した16年夏以来の法務・検察幹部人事をめぐる政権と検察の折衝や、検察部内での人事策定の経緯、黒川の勤務延長をめぐる国家公務員法の解釈変更問題などの事実関係について取材を申し入れたが、辻は9月23日と10月20日、法務省大臣官房秘書課付の仲戸川武人を通じ「御要望の取材については，御質問の内容の大半が個別の人事プロセスに関わる事項や、勤務延長に関する解釈変更についての省内での協議検討状況の詳細に関わる事項であり、事柄の性質上お答えすることができないことから、お断りさせていただきます」と回答した。

第5節　後遺症

四分五裂

「結果的には、ベストの結末になった。安倍内閣が望む通り、黒川を総長に据えた場合、造船疑獄の指揮権発動（1954年4月）と同じぐらいのものすごい反発が起きただろう。指揮権発動をした吉田内閣は年末までしかもたなかった。同様に安倍内閣もぼろぼろになっただろう。雨降って地固まる。黒川には気の毒だったが、これで再び内閣が検察人事に手を突っ込むことはなくなる。その最低限のラインは確保できた」

安倍が検察庁法改正案の成立見送りを決めた翌日の5月19日、黒川と林をよく知る元検察首脳は一連の騒動をこう総括した。この元首脳は、すでに黒川から辞職の意思を聞いていた。

しかし、一連の騒動で、検察部内の意見は四分五裂した。序章でも触れたように、元検事総長の松尾邦弘らの法務省に対する抗議について「よく我々の声を代弁してくれた」とエールを送る声もあれば、逆に、冷めた声もあった。

黒川が辞職し、林の復活が報じられた翌日の5月23日、中堅の検察幹部はこう語った。

「先の見えないジェットコースターのような1週間だった。長年、国家に貢献されてきた黒川さんが、長年問題にされていなかった行状で、最後はあっという間に切られた。稲田さんに矛先が向かうのかどうか……。我が検察はＯＢだけが持ち上げられて、組織自体は転落の一途だ。あとは林さんに頑張ってもらうしかないですね。開き直って好きなようにやっていただければいい」

黒川の勤務延長や検察庁法改正案に対する検察ＯＢらの対応も二分された。東京地検特捜部長経験者で、反対の意見書に賛同し名を連ねたのは、五十嵐紀男（司法修習18期）、熊崎勝彦（24期）、中井憲治（同）、井内顕策（30期）、大鶴基成（31期）、八木宏幸（33期）、佐久間達哉（35期）の7人。

松田昇（15期）、石川達紘（17期）、宗像紀夫（20期）、上田広一（21期）、笠間治雄（26期）、伊藤鉄男（27期）、岩村修二（28期）の名はなかった。

名を連ねなかった人の事情はそれぞれ違うとみられるが、その中のひとりはこう語る。

「検察がいつも正しい保証はない。暴走しだしたらどうしようもない。検察にいた者が、人事の自治権をくれ、と自分でいうのはおこがましい。そういう検察ではあっても人事の独立が必要だ、と思ってくれる人に意見を言っていただければいい」

ジャーナリストの江川紹子は5月22日の中日新聞朝刊に掲載されたインタビュー記事で「法案に対しては、検事総長経験者ら検察ＯＢが反対の意見書を公表した。確かに格調高い文章で、『独立』を訴えたＯＢらを英雄視する向きもある。ただ彼らは、厚生労働省局長だった村木厚子氏の冤罪を生んだ大阪地検特捜部の証拠改竄事件に代表される検察の独善体質をはぐくんだ当事者たちだという点も、忘れてはならない」と述べた。

確かに、国民は、10年前に発覚した村木事件での特捜部の暴走を忘れていない。その点は同感だ。ただ、やはり、検察人事独立の慣例は守られるべきだと筆者は考える。検察権行使の独立と人事の独立はもろに絡み合っているからだ。その慣例が崩れると、政治がおおっぴらに検察首脳人事に介入できることになり、検察の捜査が歪められる恐れが出てくる。国民はそういう検察を信用しなくなる。

信用を失った検察は萎縮し、本来摘発すべき事件にも消極的になる。それは、村木事件の後遺症として、その後10年近く検察で実際に起きていたことだ。人事介入を許すと回りまわって国民が損をすることになるのだ。

法相と事務方の反目

法務省は、検察以上に傷ついた。法務省刑事局を中心に、法務事務次官の辻のリーダーシップを疑う幹部が増え、辻は求心力を失った。それ以上に深刻なのは、法相の森と事務方との反目だった。意思の疎通がなくなった。

森は公式の会議などで法務省が用意したペーパーを無視するようになった。森は、黒川の勤務延長や検察庁法改正案をめぐる国会答弁で、法務省の不手際で恥をかかされたと受け止めていたとみられる。さらに、黒川の辞職や処分でも、法務省が官邸や稲田とのやりとりを優先し、自分はカヤの外に置かれた、とも感じていたようだ。

事務方の森に対する反発も強まった。決定的になったのは、「週刊文春」2020年6月11日号の「黒川処分で〝裏切り〟森法相が『もう辞めたい』」の記事で、黒川の処分をめぐる省内の会議における秘書課長の吉川崇の「検事はみんな賭け麻雀をしています。新橋の雀荘なんか、検事で溢れかえっていますから」との発言が報道されたことだった。

その場にいた者でなければわからない内容だった。吉川は10年後の検事長と目されている法務省エリート。法務省側は、森側が会議の問答をリークし、法務省を切り捨てた、と受け止めた。吉川は森と口もきかなくなったという。

森は5月26日の閣議後の記者会見で「国民の皆様からの信頼が不可欠であり、総理からも、法務・検察の信頼回復のために尽力するよう指示を受けた」として、法務省内に先に触れた「法務・検察行政刷新会議」を設置し、今後の法務・検察行政に関して必要な検討を開始する、と公表したが、これも事務方への相談なしでの発表だった。

もともとこの会議の具体的なテーマやメンバーは、森が主導していた。7月14日、座長を鎌田薫・早稲田大前総長、副座長に紀藤《きとう》正樹弁護士と山本和彦・一橋大法科大学院長、委員には大学院教授や元判事、元高検検事長ら9人を選んだ。

16日初会合。検討事項は主に（1）検察官の倫理（2）法務行政の透明化（3）日本の刑事手続きが国際的な理解を得られるための方策──の3点。

森は「法務省・検察庁の両組織は、国民の信頼を回復しなければならない。テーマに拘泥されず、聖域なく何でも意見をいただきたい」とあいさつしたが、一方で、6月5日の参院本会議では、黒川の定年延長や訓告処分、検察庁法改正案について協議対象には含めない考えを示していた。「黒川氏の勤務延長や処分は適正に行われた。検察庁法改正案の内容も適切だ」と述べていた。

刷新会議の委員になった元東京地裁裁判長の弁護士、山室恵は委員を辞任した。山室は20年7月23日付読売新聞朝刊の「検察刷新会議 委員が辞意 山室弁護士 議題・運営に不信感」の記事の中で「刷新会議では本来、政治と検察の緊張関係をどう守るかを議論すべきで、政治側である法相の意向で刑事手続きなど検察権を弱めかねない問題を扱うのは危険だ。そうした会議には参加できない」と語った。

政権の座についた菅は、森を、法務行政に通じ法務官僚らの受けもいい上川陽子に交代させた。

筆者は、9月18日と10月16日、森に対し、本書に記した検事総長人事や黒川の勤務延長を巡る国家公務員法の解釈変更の経緯などの事実関係について、確認と見解を求める取材を2回にわたり申し入れたが、森は9月29日と10月20日に、「回答を控えさせていただきます」と回答した。

第9章 「決着」と「総括」

検察庁

第1節　一強政権のおごり

「黒川騒動」と「木内騒動」

2020年前半、検察を揺るがした検事総長人事をめぐる混乱は、のちの検察史では「黒川・林騒動」と呼ばれるだろう。政治による検察人事への介入が表面化したのは、約70年前の1951年に起きた「木内騒動」以来だ。

吉田茂内閣の法務総裁（法相）の大橋武夫が政界捜査に積極的な最高検次長検事、木内曽益《つねのり》を格下の札幌高検検事長に異動させようと画策。木内が抵抗の末、閣議決定直前に辞職した人事紛争である。

背景には、戦前から検察部内で続く「思想系検事」と「経済系検事」の人事抗争があった。戦前・戦中は思想系が主流だったが、敗戦後、多くが公職追放され、経済系が実権を握った。木内は経済系の総帥で、戦前・戦中に冷遇された恨みをはらすかのように、思想系検事に報復とも受け取れる人事を行っていた。

大橋が木内の後任に据えようとした広島高検検事長の岸本義広は、思想系検事の旗頭だった。政界との付き合いも広く、太っ腹で、検察部内にも木内人事に対する不満から岸本待望論があった。

大橋の人事構想に対して、木内は検察庁法25条の「検察官の身分保障」を楯に異動を拒否した。最高検なども、検察官の身分保障を形骸化させる恐れがあるとしてこの人事に反発したが、大橋は首相の吉田茂と諮り51年3月6日の閣議にかけることを決断。両者の全面戦争が予想された。しかし木内は閣議の直前、「時局重大の折から内閣に動揺を与えることは本意ではない」として辞表を提出。後任には岸本が起用された。

この思想系と経済系の人事抗争は、木内の衣鉢を継ぐ馬場義続グループと岸本グループの対立に引き継がれ、そこに大橋の関係する企業に対する特捜部の捜査もからむなど一時、泥仕合の様相を呈した。完全に抗争が終わるのは50年代末、岸本が検事総長にならずに退官してからだ。馬場は検事総長に就任。馬場グループが検察の主流となり、今に至る。

黒川も林も被害者だった？

黒川はコロナ自粛のさなかに賭け麻雀が発覚して辞職した。当事者が検察を去って事態が収拾されたという点で「黒川・林騒動」は木内騒動と似ている。しかし、木内が政治の人事介入に抵抗して辞職したのに対し、黒川は、自ら望んだわけではないが、政治の側に担がれた。その点では、木内と対立した岸本の立場に近い。

「木内騒動」の背景には、検察部内の思想対立を背景とした人事抗争があり、政治は「正常化」を理由に、そこに介入した。「黒川・林騒動」にはそのような背景はなかった。

検察には、経済検察系の系譜を引く特捜検察、思想系の余韻を残す公安検察があるが、かつてのような人事抗争はない。時代状況が検察の組織文化を変えた。１９７０年代、80年代の過激派の闘争が一段落して大きな公安事件の摘発はなくなった。その結果、公安系は影が薄くなり、今は、本来、刑事系が扱っていた組織暴力団の事件まで扱う。一方、経済検察（特捜検察）の需要は拡大し、東京、大阪に加え名古屋地検にも特捜部を創設。大きな地検では、独自捜査も行う「特別刑事部」が設置された。検事は特捜系、公安系、一般刑事系の部署を行き来しキャリアを積む。

検察部内には現場派と赤煉瓦派（法務官僚）の対立もあった。80年代から90年代にかけては、法務官僚が検察現場に比べ、人事で優遇されすぎているとの不満が表面化し、検事総長などの首脳人事に影響したことはあった。現場派の総帥だった検事総長の吉永祐介が、赤煉瓦派の東京高検検事長の根来泰周に総長の椅子を譲らず退官させた人事抗争はその象徴だった。これも先に触れた。現在はそういう二項対立的な分類は困難になりつつあるが、あえて分類すると、稲田、黒川、林は、同じ赤煉瓦派に属する。

検察には、仕事の上での親分子分はいるが、そもそも、自民党などに残る「派閥」、つまり、特定の大物政治家のもとに集まる議員集団のような「ムラ」はない。各部の副部長のもとで仕事をした検事たちがその「飯場」を懐かしみ、元副部長を囲んで飲む会や、大事件の捜査で同じ釜の飯を食った仲間の集まりはある。ロッキード事件や金丸脱税事件では最近までそれがあった。そのときは和気藹々、大いに飲んで語るが、普段は交流も稀だ。

それでも、任官同期の結束だけは強い。同期に検事総長候補がいれば、一致団結して盛り立てる。官邸が検事総長にと担いだ黒川には、検事総長になりたいとの野心はなく、同期の林になってほしいとずっと願っていた。検事総長への野心があれば、政界ロビーイングのような、検察部内で「悪評」が立つ、つまり、出世の妨げとなりかねない役回りを延々とこなすはずがない。その意味では、稲田―林で検事総長を引き継ぎたいこの2人と、黒川の間に対立する要素はなかった。

結局、今回の人事騒動の本質は、安倍政権の、安倍政権による、安倍政権のための人事劇であり、黒川や林、そして稲田や法務事務次官の辻らも、それに振り回された「被害者」だったといえるのではないか。

検察独立の実態

繰り返しになるが、検察は明治以来、政治とカネの不正を摘発する機関として国民の期待を担ってきた。その期待に応えるには、検察が検察権行使や人事で政治から独立していなければならない。

政権側は、政界事件が起きると、捜査にあれこれ注文をつけたり、首脳の交代期には人事に口を挟もうとしたりしてきた。政治腐敗を許さない世論の意を体した報道機関や野党が、それらの動きを厳しく監視し、政権側が、検察の捜査や、法務・検察首脳の人事に口出しできない雰囲気を作ってきたのが「検察独立」の実態だった。

繰り返すが、法務省はこうした世論を背景に、法務・検察幹部の人事で波風が立たないよう周到な根回しをしてきた。それもあって、時の政権は概ね、法務・検察の人事や仕事に対する介入については謙抑的な姿勢を貫いてきた。

「これまでは、官邸と法務省が、それぞれ互いの立場や意思を尊重して建設的に十分協議しましょうね、ということでやってきた。ベースにあるのは、政権側が恣意的に検察の人事を壊すのは問題であるのと同様、検察側が恣意的に検察権を行使するときに政権側が人事でもコントロールできないのは困る、ということ。それが、憲法が求める本来の政治と検察のチェック&バランスだった。それは、政治も、法務・検察も理解していたはずだった」

政治と検察の舞台裏に詳しい法務・検察幹部はこう指摘した。

黒川ゆえに起きた介入？

では、安倍政権は、歴代政権が踏襲してきたスタイルをなぜ変えたのか。

政官界の事情に通じた法務・検察幹部は言う。

「政権側が検察の人事に口出ししてこなかったのは、検察については、敷居が高くて、検察にどういう人材がいるのか、わからなかったからだ。財務や経産、総務省など一般の行政官については、日常業務を通じて人柄や能力を把握できるので、人事の適否についてその役所と議論をできる。しかし、検察については、法務官僚から説明を聞いてもよくわからない。さらに、人事をいじろうとすると、社会部マスコミが騒いで面倒なことになる。その2点から、触らず放置してきたことが慣例になったにすぎない。今回の問題は、黒川、林の検事総長候補がいずれも、若いころから官邸によく知られ、『わからない』ケースではなかった。それで、口を出しやすかったことがある」

確かに、今回の人事騒動は、黒川という稀有な官僚が存在したがゆえに起きた問題といえなくもない。いくら人事権があるといっても、その組織や人を知らないと手は突っ込みにくいものだ。知らなければ、関心ももたない。

黒川は10年近く政界ロビーイングを担当し官邸有力幹部らと気心が知れる関係になっていた。しかも、相手に親近感を持たせる特有の才能が、話のできる黒川を検察のトップに据えた方が何かとやりやすい、との官邸側の誘惑を招いた側面は否定できない。

しかし、検察は、政治腐敗を摘発する準司法機関だ。その人事に手を突っ込めば、政権は「自らの腐敗疑惑を潰すために検察人事に介入した」と国民から批判を受け、また、法務・検察側も「政治に忖度して捜査を歪めるのではないか」との不信を招くのは目に見えていた。政権、検察、どちらにとっても、ハッピーではない。それがわからないほど、政権を担う政治家はお人好しではなかろう。

やはり、安倍一強政権の驕りがあったのではないか。

２０１２年暮れに発足した第2次安倍政権は、政治主導を強調し、内閣法制局長官、日銀総裁をはじめ、厚労省や海上保安庁で強引ともいえる人事を次々に行ってきたことは前にも述べた。

その強引な官僚グリップの結果、官僚の間には官邸に「忖度」する空気が蔓延した。萎縮と保身。官僚に国家・社会に貢献する公僕としての矜持は薄れ、政権に奉仕する下僕になった。

17年から18年にかけての「モリカケ」（森友・加計学園）問題でこの政治による官僚統制強化の弊害が顕在化した。しかし、政権はそれを反省するどころか、さらに調子に乗り、ついに検事総長人事にまで介入した。

それを許したのは、野党のふがいなさであり、マスコミの「油断」だった。

官邸はいったん人事の方針を決めると、当の黒川や辻ら歴代の法務事務次官が「黒川検事総長では、検察現場が納得しない」と諫め、検事総長には林がふさわしい、と繰り返し説得しても決して応じなかった。結局、官邸は、黒川が退場するまで黒川にこだわり続け、憲政史上最長の7年8カ月首相に在任した安倍は、黒川の勤務延長の閣議決定から7カ月後の8月末、辞任表明に追い込まれた。

悪女の深情け

若いころの特捜検事としての黒川をよく知り、黒川を「特捜部長にしたかった」という元検事総長はこう評した。

「向こう（官邸）には向こうの意図があるんだろうけど、（黒川は）悪女の深情けで身を滅ぼした旦那みたいになってしまった」

官邸は本気で、黒川への論功行賞として検事総長昇格を考えていたのだろうか。法務・検察の大勢が林検事総長を望む中で、黒川を検事総長にごり押しすれば、黒川が検察内外から集中砲火を浴びて傷つくことは百も承知のはずだ。褒美どころではない。黒川自身、「そうなるから、やめてくれ」と懇願していた。

やはり、安倍政権が、自らにダメージとなる事件、例えば、前法相の河井克行が妻の案里の選挙で地元議員らを買収したとされる事件、あるいは、安倍が「桜を見る会」前夜の夕食会参加者に飲食代を提供したことが公選法違反（寄付行為）などに当たるとして、全国の弁護士や学者ら約６６０人から告発状を出された事件で、黒川が穏便に済ませてくれることを期待して検事総長に起用しようとしたのではないか。そうであれば、辻褄は合う。

ただ、河井事件については、検事総長である稲田の肝いりで、黒川の勤務延長前の２０２０年1月の段階で捜査に着手してしまった。官邸が想定していた稲田から黒川への交代は5月中だったとみられ、河井側に流れた1億５０００万円の問題を捜査しないのなら、そのころまでには捜査の結論は出てしまっていると見込まれた。実際、検察は1億５０００万円問題を不問に付した。

時期のずれを考えれば、河井事件については、黒川への「期待」の対象にはならないとみられた。実際には、コロナ禍や検察庁法改正審議の影響などもあり、河井の逮捕は6月にずれ込んだが、政権にとっても、その「遅れ」は予想外だったのではないか。

むしろ、政権が黒川に期待していたとすれば、「桜を見る会」の方だろう。検察が告発を受理して捜査を始めるにしても、黒川の総長就任後と見込まれた。地検が安倍ら被告発者を処分する際に、黒川に穏当な処分を期待していた可能性は十分にあったと思われる。

菅、杉田と親交のある政治ジャーナリストはこう指摘する。

「安倍は、桜を見る会問題で検察の捜査が始まると、父親の代からの後援者が次々聴取を受け、さらに自分も聴取を受ける恐れがあると考え、そうした事態を避けたいという強いモチベーションを持っていた。その意を受け、あるいは忖度して安倍側近の官邸官僚らが黒川を検事総長に担ごうとしたのではないか。菅、杉田も黒川総長路線で進めていたのは確かだが、菅らにそこまでの動機はなかったと思う。少なくとも杉田は、(勤務延長については) あいつら (法務省側) が苦し紛れにこれしかないというから乗っかっただけ、という受け止めだった」

「桜を見る会」の告発の行方

弁護士らの告発によると、「桜を見る会」前夜の東京都内での宴会について、安倍と、後援会の代表と、会計責任者は共謀し《1》飲食代が1人当たり1万1000円はするのに5000円ずつしか徴収せず、差額の6000円程度を自分の選挙区の有権者に提供した (公選法違反)《2》後援会が参加者約800人から得た推計約400万円の収入と、ホテルに宴会代として支出した約400万円を政治資金収支報告書に記載せず山口県選挙管理委員会に提出した (政治資金規正法違反) ——とされている。

検察幹部によると、もし立件すれば、後援会幹部や会計責任者が罪に問われる可能性があるが、安倍を共犯で訴追するのは困難だという。そのため、従来の起訴基準では、現場の責任だけを問うのは酷だとして不起訴の結論になる可能性もあるという。つまり、検察としては、現場の担当者を訴追するかどうかが微妙な境界線上にある事件なのだ。

東京地検は神戸学院大学法学部の上脇博之教授ら13人が提出した、安倍らに対する告発を「代理人による告発は認められない」として1月31日と4月6日の2回にわたって「返戻」、つまり、告発状を送り返したとされる。

告発は受理するのが原則で、口頭での告発も受理しなければならない。代理人を介した手続きに不足があるというのなら、検察官は電話をかけるなり呼び出すなりして告発人の意思を確認し、さっさと受理し、粛々と捜査を尽くすべきだった。検察は、政権に忖度して国会閉会まで時間稼ぎをしたのではないか、と一部で受け止められた。それ自体、検察にとってプラスではなかった。

黒川は検察を去り、検事総長の座に就いた林が「桜を見る会」問題について、立件の可否を判断することになった。黒川、林とも、検察の起訴基準に対する考え方には大差ないと思われるが、「桜を見る会」問題は、安倍本人はさておき、現場の関係者が罪に問われただけで重大な政治問題となる。そのとき林はどういう判断をするのか。

第2節　法務省の失敗

検事総長候補を絞り込まなかった怠慢

従来、法務・検察は、政治の側による検事総長人事への介入を防ぐため、検事総長候補を早くから1人に絞り込み、官房人事課長―法務省官房長―刑事局長―法務事務次官―東京高検検事長という出世のゴールデンコースを歩ませることで「彼こそが検事総長候補のプリンス」と政官界を含む検察内外に周知してきた。

そうしておけば、いざ政権が、「プリンス」以外のお気に入りの検察幹部を検事総長にしたい、と考えても、要所の関係者から不自然な人事と受け取られるため、無理押ししにくくなる。もし、政権がその幹部を総長にしたいと希望を伝えてきても、法務省は「(絞り込んだ) 彼しかいません。無理すると、大騒ぎになりますよ」といなせるのだ。

本来、林を検事総長にするのなら、2008年1月に林を人事課長に就任させたころから黒川と徐々に人事で差をつけるのが従来の手法だった。しかし、黒川の政界に対するロビーイング能力は図抜けており、当時の法務・検察首脳は、黒川を人事課長と「同格」の官房審議官に起用。予算や法案の根回しなどに縦横に使った。

先にも触れたが、10年に発覚した大阪地検特捜部の証拠改竄事件では、後処理と刑事手続き改革のため、松山地検検事正に出したばかりの黒川を、わずか2ヵ月で東京に呼び戻した。目先の懸案解決のため、黒川を便利使いしたのだ。

11年8月には、さらに黒川による政界ロビーイングを本格化させるため、普通は人事課長から地方の検事正を経て昇格するのがコースになっている法務省事務方ナンバー3の官房長に抜擢。黒川は以後16年9月まで5年以上も、その職にとどまった。5年も在職すれば「政界と近い」との風評が立つのは目に見えていた。

その間、林は、人事課長から最高検総務部長、仙台地検検事正を歴任。14年1月、法務省事務方ナンバー2の刑事局長に就任した。これは、法務・検察が、林を黒川より序列上位の刑事局長に据えることで検事総長の最右翼候補と考えていることを示すものだ。

しかし、政官界で黒川は実力官房長として名を馳せ、「法務省に黒川あり」と認知されていた。そのため、本来、格上ポストである刑事局長の林と格下の官房長の黒川が、法務・検察部内でも政界でも同格と見られるようになったのだ。

検察が見せた隙

これは、人事権を持つ政権に、検察のリーダーを「どっちにするか選んでください」といっているのに等しい。政権は、検察に対して人事権を行使できるめったにないチャンスと受け止めたのではないか。

2016年9月の法務事務次官人事は、法務・検察として、検事総長候補を林に絞り込む最後のチャンスだった。官邸側から「黒川で」と注文がついたとき、折衝に当たった法務事務次官の稲田は次官の職を賭して、要求をはねつけ、林の次官昇格を求めるべきだった。最初が肝心なのだ。そこで間違うと、どんどん押し込まれる。

当時の検察首脳らも、稲田から「官邸は1年後には間違いなく林を次官にする」との感触を伝えられて「なら、いいか」と納得するのではなく、「検察の総意」として「林で」と押し返すべきだった。そうしていれば、今回のような顚末にはいたらなかっただろう。

先にも触れたが、元検察首脳の証言では、稲田は19年暮れ、官邸の意を受けた事務次官の辻から、黒川に検事総長の椅子を譲るため20年1月中に勇退する人事構想を提案され、それに異議を唱えなかった。その構想は法相にも伝えられたという。つまり、稲田はその時点では、検事総長人事で官邸の意向を受け入れたということだ。

後継総長と考えてきた林は名古屋高検に飛ばされたうえ、官邸から「総長は黒川で」と厳しい注文がつき、稲田自身、孤立感を深めていたと思われる。その点では同情の余地はあるが、本来は、検察の総帥として、意に沿わない後継人事であれば明確に拒絶すべきだった。

その後の稲田は、辻らに勇退の「履行」を求められても、応じず、どうみても中途半端な黒川の次期総長含みの勤務延長に同意しつつ、自身の勇退は拒んだ。引くと見せては粘り、汚いやり方と批判されても粘った。まるでゲリラ戦である。

検察庁法改正案に対するオンラインデモ、黒川の想定外の辞職もあって結果的に、官邸の検察人事グリップの「野望」は砕かれた。「政権vs.検察庁」の構図でいえば、その間、ゲリラ的戦い方で頑張った稲田が検察の「勝利」に貢献したと言えなくもない。

ただ、望むらくは、ゲリラでなく、正面から政治権力と戦ってほしかった。それが検事総長に国民が期待していることだと思うからだ。「政治介入」だと確信したなら、その事実を公表し、真摯に検察の立場を訴えれば、国民は検察側を支持したはずだ。

稲田が正面から戦っていれば、総長になりたくない黒川は政治の手先と見なされて悪者になることはなく、林も振り回されることはなかった。法務事務次官の辻も、官邸と稲田の間で右往左往し、法務・検察内外からリーダーシップに疑問符をつけられることもなかった。

ギリギリのところで、「検察の独立」は守られたが、法務・検察の威信は大きく傷ついた。

検察は、政治の側に隙を見せてはいけなかった。一連の騒動は法務・検察には苦い教訓となった。

第3節　介入を許した構造的背景

検事総長人事への介入を押し返す

めったに表面化しないが、政治が検事首脳人事に口を出すことはある。

手元に、公正取引委員会委員長やプロ野球コミッショナーを歴任した元東京高検検事長、根来泰周が書き残した「検事総長の椅子」と題する覚書がある。検察首脳人事や政界事件処理の舞台裏のエピソードを、記憶をベースに書き起こし、後輩の法務省幹部に託したものだ。

その中に、根来が法務省人事課長時代、中曽根内閣の法相、秦野《はたの》章《あきら》から、最高検次長検事だった伊藤栄樹の検事総長人事構想について介入があったとする記述がある。

「伊藤栄樹氏は、司法修習生1期で、藤島昭氏は、2期であるが、年齢的には、藤島氏の方が上である。秦野章法務大臣が藤島氏をまず検事総長にし、その後任に、伊藤栄樹氏を据えたらどうか、そうするために伊藤栄樹氏を法務事務次官から大阪高検検事長に異動させる案はどうか、と言い出したことがあったようだが、伊藤氏も抵抗し、藤島氏も最高裁判所判事に転出するつもりであったから、もとよりそのような無理筋を承知するはずがなく幻に終わった」

伊藤栄樹は1981年7月、法務事務次官から最高検次長検事になり、82年11月から83年12月までの秦野の大臣在任中、ずっとその職にあった。
「法務事務次官から大阪高検検事長」は根来の記憶違いで「次長検事から大阪高検検事長」だろう。伊藤は、秦野が退任した83年12月、東京高検検事長となり、85年12月、検事総長に就任した。藤島は伊藤の後任の次長検事となり、85年5月、最高裁判事になった。

76年に東京地検特捜部が摘発したロッキード事件で、5億円の受託収賄罪に問われた田中角栄元首相に対する一審判決(83年10月)が近づいていた。法相に起用された秦野は公然と「親田中」を表明。検察に論告求刑をさせないよう指揮権発動するのではないか、との観測まで流れていた。

検察にとっては、絶対に負けられない裁判だった。負ければ、自民党最大派閥を率い、歴代内閣のキングメーカーとして君臨していた田中から厳しい反撃を受けるのは必至だったからだ。伊藤は次長検事としてロッキード公判を指揮していた。秦野には、政治に対して強気の発言が目立つ伊藤が検察そのものに映っていたはずだ。

担当記者らは秦野に「指揮権発動をするのではないか」と繰り返し質問した。それが牽制となって指揮権発動をできなかったのかどうか定かではないが、秦野が判決を意識しながら人事で検察に揺さぶりをかけたのは間違いなかろう。いずれにしろ、法務・検察はこのとき、政治の人事介入を押し返した。

根来や話に登場する3人はいずれも鬼籍に入り、裏付け取材は不可能だ。しかし、この覚書にある別の箇所——92年夏、元自民党副総裁の金丸信が5億円の闇献金を受け取り政治資金規正法違反で罰金刑となった際、官房副長官の石原信雄から法務事務次官の根来に「金丸氏の腹心の佐藤守良《もりよし》議員が来て（略）『官邸から法務検察側に起訴猶予の線で押してもらえぬか』と言ってきたが、どうだろうか」という電話があり、根来が「罰金は決まったことだ」と回答した――とのくだりについては、石原が筆者の取材に外形的事実を認めた。それゆえ、秦野にかかわる先の記述も一定の信憑性があると判断し、紹介した。

覚書の記述のうち、この金丸の刑事処分に関連する話と、根来と吉永祐介元検事総長の検事総長ポストをめぐる確執の舞台裏については、月刊「文藝春秋」２０１８年5月号に「検事総長人事暗闘史　『根来泰周メモ』公開」と題して寄稿した。

また、この秦野の「人事介入」については、復刊した伊藤栄樹著『巨悪は眠らせない　検事総長の回想』（朝日文庫）の解説記事で紹介し、「黒川・林騒動」との比較などについて論評した。

護送船団体制崩壊による権力構造の激変

伊藤や藤島がはねつけることができた政治の人事介入を、30数年後の稲田らが嫌々ながらも受け入れたのはなぜか。資質の違いという意見があるかもしれないが、筆者は検察をとりまく環境の激変が背景にあると考えている。

検察は国民の信頼を基盤として成り立つ組織だ。序章でも触れたが、この「国民の信頼」をキーワードにすると、伊藤たちの時代と稲田、黒川、林らの時代の環境の違いがはっきり見える。

伊藤や藤島が検察人生を生きた時代、敗戦後から昭和末期までの日本の社会・経済システムは、自民党の長期政権のもと大蔵省中心の官僚機構を核とした、護送船団方式で運営されてきた。これまで度々触れてきたように、そこでの検察の使命は、官僚機構に介入して利権を貪ろうとする政治家から官僚機構を守ることだった。官僚機構の護持こそが国益、国民の利益に直結すると信じることができた時代だった。

本来、治安・秩序の安定を目的に警察と連携して犯罪を摘発する検察にあって、利権政治家に目を光らせる特捜検察が金看板になった。10年に一度程度であれ、構造的な政界汚職を摘発していれば、世論は検察の応援団でいてくれた。その象徴が、「金権政治家」の右代表とされた田中を、首相の職務権限を使って外国企業に便宜を図り5億円もの金を懐に入れた、として摘発したロッキード事件だった。

法廷で元首相側と死闘を繰り広げる検察に対し、世論は熱いエールを送った。だから、当時の法相、秦野の人事介入に対し検察側は強く出られた。秦野も、検察の背後に国民の姿を見た。だから検察に対しごり押しはできなかった。

しかし、伊藤の死（88年）からまもなくバブルが崩壊。官僚の中の官僚といわれた大蔵省は金融機関の不良債権処理をめぐる失政で国民の信頼を失った。98年、世論に背中を押された検察は金融機関からの接待汚職で大蔵官僚を摘発。護送船団体制に幕を引いた。

法務・検察は大蔵省を「他山の石」として護送船団型の組織運営からの脱皮を図ったが、果たせないうちに、奈落の底に転落する。その具体的な例が、先にも触れた、02年に調査活動費の流用を内部告発しようとした大阪高検幹部を微罪で逮捕し「臭いものに蓋をするために職権を使ったのではないか」と疑われた事件。そして10年、厚労省局長（その後、事務次官）の村木厚子の無罪事件の捜査をめぐり発覚した証拠改竄事件である。大阪地検特捜部の主任検事が調書と齟齬をきたす押収証拠の改竄に手を染め、上司がそのもみ消し工作にかかわったとして、主任検事と元特捜部長、元副部長の3人が逮捕された。検察は、世論の厳しい批判を受けて消沈し、国民が期待する政治腐敗の摘発から遠ざかり、国民の信頼を失った。

法務・検察は、信頼回復のため、抜本的な組織改革と捜査モデルの転換に着手するが、政治の協力なしでは法案ひとつ通せなかった。その困難な時代に、体を張って法務・検察の崩落を食い止めたのが、黒川と林だった。

そして、「政治主導」を強調し各省庁幹部に対する人事グリップを強めた安倍政権のもとで、16年夏の法務事務次官人事を迎えた。人事の当事者となった黒川と林は身動きできない中、官邸の強硬な申し出を受けたとき、稲田や法務・検察幹部は支えとなるべき国民の信頼を、実感できなかったのではないか。振り向いても、そこには、かつてロッキード事件の捜査・公判で検察を応援してくれた国民の姿はなかった。

本来、法務・検察は、その時点で自分たちの置かれた状況を深刻に受け止め、検事総長以下、法務・検察の首脳は、国民から期待される検察の本分に立ち返り、一丸となって政治の側と対峙すべきだった。しかし、首脳らはそうしなかった。

その後の展開は本書に記した通りだ。

介入拒否を支えるのは「国民の信頼」

2020年5月27日夕、林真琴は東京高検検事長として初の記者会見に臨んだ。

まず、黒川の賭け麻雀辞職について「誠に不適切で、検察の基盤である国民の信頼を揺るがす深刻な事態であると受け止めており、東京高検の検事長として国民の皆様に改めておわび申し上げます」と謝罪。黒川への思いを問われると、「いろんな仕事を一緒にやってきた。同期でもあるし、こういう形での辞職は、非常に残念」と答えた。

政治との距離感についての質問に対しては、「検察官という形で言えば、それは政治との一定の距離を保って職務を遂行すべきと私は思う。距離感が近くなると政治におもねる、癒着するという形になるからではなく、やはり距離が近くなると、国民から何か関係あるんじゃないか、癒着があるのではないか、と公正らしさが疑われる可能性がある。極力、公正らしさは保っていかないと、検察権の行使ができなくなる。国民の信頼がなくなると考えます」と答えた。

週刊誌の編集者からは「新聞記者と検事長の癒着があります。どのように取り組むのか」との質問が出た。

それに対し、林は「刑事司法のほか、広く国民の意見に目を向けていく必要がある。そういう意味では、検察官と記者との一定の関係は、まったく絶つべきであるとは考えていない。一方、検察官は記者からすれば取材対象。癒着という言葉を言われましたが、癒着がなくても、癒着と周囲に思われることは、検察権行使に極めて大きな影響。公正らしさが損なわれる。そこは、極めて慎重に。検察官からも癒着とみられる危険性があるということを認識して、関係を保っていく必要があると思います」と答えた。

不祥事に対する国民の厳しい視線がある中、この難局をどう乗り切るか、との質問には「検察が検察権の行使を適切に行うには、国民の信頼が必要だが、結局、国民の信頼は、検察権の適切な行使で強まっていく。私としては、本日の着任にあたっては、職員に、今やるべきことは、ひとつひとつの仕事を地道に誠実に、丁寧に行うことに尽きると訓示しました」と述べた。

黒川の勤務延長の是非については「閣議決定されたもの。私の所感を申し述べる立場にはない」、検察庁法改正案については「国会に提出中の法案で、私からはお答えを差し控えたい」と語った。

7月17日の検事総長就任記者会見では、「検察庁法改正案をめぐり検察の独立性が脅かされるとの声があったが、検察は独善的だとの批判もある。独善に陥らないために適切な検察権行使はどうあるべきと考えるか」との質問が出た。

林は「独善に陥らないためには、刑事司法が裁判官、弁護人との共同作業と深く自覚した上で検察官としての職責を果たすこと、事件処理にあたって検察官の判断と違う考え方についても十分認識した上で、最終的な判断をすることが重要と思う」と述べた。

筆者は20年9月14日、林に対し、本書に記した16年夏以来の法務・検察の幹部人事をめぐる政権と検察、検察部内の動きなどの事実関係についての確認と、今後の検察運営の方針などについて取材を申し入れたが、林は9月18日、最高検の報道窓口である企画調査課を通じ「取材は遠慮したい」と回答した。

稲田の退任口上

一方、稲田は2020年7月17日の退任記者会見で、黒川の勤務延長問題や検察庁法改正案をめぐる「政治と検察との距離」についての見解を問われた。

勤務延長問題については「これは閣議で決定された人事に関わることなので私から答えるのは差し控える」とし、政治と検察の距離については「検察は不偏不党を旨とし、公正誠実に職務を行うことが何より重要。厳正公平・公正誠実であることはもちろん、それらしくふるまうことも同じように大事だと思う。政治と検察の関係についても、厳正公平・不偏不党という観点からすれば、当然一定の距離感を持っていることが必要であるし、それが厳正公平だとある、そう見える、つまり国民の皆さまがたから見て公正さが疑われることがないようにしなければならない」と述べた。

さらに、記者から黒川の勤務延長について、「閣議決定されたこと、というが、法務省の定年（勤務）延長案を了承したのではないか、だとしたら、その責任をどう考えるか、説明すべきだ」と質問を受けたが、「あくまで閣議決定によって行われた個別の人事。私自身が決定したことでない」と答えるにとどめた。

筆者は20年9月14日と10月17日、稲田に対し、16年夏以降の、稲田が関係したとされる人事や捜査について本書に記した事実関係を示し、事実の確認と見解を求める取材を申し入れたが、稲田は9月17日、検事総長時代の秘書官である貫井学（林・現検事総長の秘書官）を通じ、「公の立場を離れても、個別の取材は受けられない」と回答。その後は応答がなかった。

また、筆者は黒川に対しても、20年9月14日、16年夏以降の法務・検察の幹部人事をめぐる政権と検察、検察部内の動きなどについて本書に記した事実関係を示し、事実の確認と見解を求める取材を申し入れたが、回答はなかった。

新たな結界の構築を

黒川、林の2人をよく知る元検事長は一連の騒動をこう総括した。

「連日、大きく報道されたのは、コロナで貯まっていたストレスのマグマが勤務延長、麻雀賭博に向かって噴火した観がある。でも、所詮は空騒ぎ。意見書を出したOBたちが『俺たちが検察の独立を守った』と思うのは勘違い。『検察人事の独立性』と『暴走チェック』のバランスの在り方という大きな課題はそのまま残った」

黒川の検事総長含みの勤務延長、検察首脳の勤務延長に政府の裁量を盛り込んだ検察庁法改正案に対する国民の憤怒の大津波を見て、政治の側は、検事総長人事が「パンドラの箱」だと再認識した。痛い目に遭った前例として記憶され、それを教訓に、しばらく検事総長人事に手を出さないとの見方が強い。

ただ、政治と検察の権力関係の仕組みが変わったわけではない。政治の側は、一連の人事騒動を通じ、法務・検察の組織運営の実態と弱点を知った。ほとぼりが冷めれば、またぞろ、禁断の「箱」を開けようとする可能性はある。

検察人事の独立を守ることが、結果として、国民の利益につながることは、戦後の歴史が証明している。林を含めた検察首脳たちは、今回のような政治の人事介入を招く事態を二度と繰り返させないようにするために新たな「結界」の構築に取り組まねばならない。

これまで述べてきたように、その結界を成立させてきたのは、法律だけではない。検察に対する国民の信頼である。国民は、政治腐敗の摘発を検察に期待している。期待すればこそ、検察に対する政治の介入を掣肘する。検察が政治腐敗の摘発に消極的になれば、検察に対する国民の期待は薄れ、関心もなくなる。

国民の信頼を確かなものにする方法はある意味、簡単だ。政治腐敗を厳しく監視し権力犯罪を法と証拠に基づき積極的に摘発することである。特捜検察を強化して、アグレッシブに捜査に取り組めばいいのだ。

あとがき

２０２０年９月16日に首相を辞職した安倍晋三、その後を受けて首相になった菅義偉、官房副長官を続投した杉田和博に対し、その直前の９月14日（加えて菅と杉田には10月２日にも）、本書に記したそれぞれが係る事実関係について確認と見解を求める取材を申し入れた。

菅は回答期限の９月25日と10月９日、事務所を通じ「法務省の人事や検察庁法改正案については、政府が国会等でご説明した通りです」と回答した。

一方、安倍は、14日、質問状受領確認の電話に出た安倍事務所の「担当者」が「全部拝読したが、こんな問題で答えるわけないじゃない。（９月25日までに安倍さん本人に事実確認をお願いしたい、との要請に対し）応じませんよ、普通ね。無理です」と答えた。回答期限の25日、３日後の28日に事務所に催促の電話をしたが、「担当者」は「不在」で、折り返しの連絡もなかった。

杉田には質問状を簡易書留で送付した。秘書官は９月23日と10月５日、電話取材に対し、杉田本人が質問状を受け取ったことを認めたうえで「番記者がいて取材対応についてはその方々が代表をして朝、夕、２回ぶら下がりをやっている。今は中止しているが、定期的に会見もしているので個別の取材は一切、断っている」と回答した。

＊＊＊

ジャーナリズムの世界に入って47年になる。その間多くの時間を、特捜検察が摘発する政界汚職や大型経済事件の報道に費やしてきた。

毎日新聞大阪社会部で大阪地検特捜部を担当した1980年代初めころまでの筆者は、正直にいうと、特捜検察を、総理大臣の汚職まで摘発する強力な捜査機関とみていた。金権・腐敗政治に目を光らす庶民の味方のイメージだ。その見方が変わったのは、東京社会部に異動し85年に東京地検特捜部を担当してからだ。

国税庁の徴税コストの削減につながる大掛かりな脱税事件や、大蔵省の金融再編政策を背景とする銀行合併の邪魔になる相互銀行の経営陣を逮捕した事件などの取材を通じ、検察と大蔵省（現財務省）との密接な関係を知ったからだ。検察は、大蔵省を中核とする官僚中心の護送船団体制の守り本尊だった。

政権与党の一部の政治家は、検察捜査を批判していたが、歴代の政権は、政治腐敗の摘発を検察に期待する世論の目を意識して、こと検察の人事に対しては概ね、謙抑的な姿勢だった。

裁判所も、官僚法曹である検察を深く信頼し、自白と裏付け証拠があれば有罪判決を出してくれた。そしてマスコミも、検察をほめそやした。ある意味、検察はオールマイティだった。直感でこれは、健全な仕組みではないと思った。検察は、単純な正義の味方ではない。むしろ一定の政策的意図をもって法執行を行う、唯一無二の特別な国家機関なのではないか、と思い至ったのだ。

以来、事件報道と並行して検察そのものを主たる取材対象としてきた。東京の司法記者クラブを卒業して社会部遊軍記者となり、91年に毎日新聞から朝日新聞に「移籍」した後も、特捜事件と検察を取材した。検察関係者から聞いた捜査や人事の舞台裏の話は詳細なメモにし、自分の見方を付記して「検察権力論」のファイルに蓄積してきた。

検察官や事務官の多くは優秀で人間性もすばらしい人が多い。取材するたびに勉強になった。しかし、権力の持つ魔性か、政官界の深部がからむ事件の捜査や、自らの人事がからむ話になると、人が変わってしまう幹部もいた。検察権行使をめぐり、「厳正公平、不偏不党」の看板とは裏腹の、どろどろした人間臭いドラマをたびたび見ることにもなった。

それらの一部は『特捜検察vs.金融権力』（2007年、朝日新聞社）、『市場検察』（08年、文藝春秋）、『小沢一郎vs.特捜検察 20年戦争』（12年、朝日新聞出版）などこれまでに上梓した検察関係の書籍の中で書いてきた。いずれも、「検察権力論」のファイルのメモを元にしている。

＊＊＊

この本の検察側の主役である黒川弘務と林真琴については90年代初めから注目してきた。出会ったころの2人はともに闊達で、正義感と公益マインドにあふれ、野心も悩みもある青年だった。

バブルの膨張と崩壊が権力の風景を変えた。権勢を誇った大蔵省は不良債権処理をめぐる金融失政で国民の信頼を失い、世論に背中を押された検察が98年、金融業界からの接待汚職容疑で切り込むと、あっという間に力を失った。護送船団体制の終焉である。

黒川と林が現場から法務省に吸い上げられたのはこの後だ。50年に一度の司法制度改革にかかわり、ポスト護送船団の法務・検察を託された。林は持ち前の明晰さと構想力、実行力で法務・検察組織で順調に出世の階段を歩み、一方、黒川は広い視野と独特の人たらし能力で、与野党に太い人脈を築き、政官界ロビーイングでは「法務・検察の枠を超えた怪物」（法務省幹部）になった。

「検察vs.政治権力」の視点でみると、「政治主導」への転換が進んだポスト護送船団の時代、法務・検察は政治に対し相対的に脆弱になった。しかし、法務省の巧みな政界対応もあって、少なくとも表面的には、政治の側による捜査や法務・検察人事への介入が問題になることはなかった。政治腐敗監視を検察に期待する国民は依然として、法務・検察を信頼していた。政権与党はそれを知っていた。

ただ、捜査モデルを含め検察の制度疲労は限界に達していた。それが顕在化したのが2010年の大阪地検特捜部の証拠改竄事件だった。検察は、黒川、林らの奮闘で何とか体裁を保ったが、この事件を機に国民の検察に対する信頼は薄れた。

そして、黒川と林の2人がともに検事総長候補となり、つまり「検察権力」そのものになったとき、異変が起きた。

16年夏、安倍政権は、法務省が策定した人事案を蹴り、刑事局長の林ではなく、官房長の黒川を法務事務次官に登用したのだ。その後の展開はこの本に記した通りだが、筆者は当時、この16年の人事介入が、政治と検察の関係における歴史的な転換の始まりだと受け止めた。

民主党政権で始まり、安倍政権で本格化した官僚主導から政治主導への転換が深く進行していた。安倍政権は人事による官僚グリップを強化した。それが、ついに法務・検察に及んだ形だった。いずれ、黒川と林の誕生日の関係から2人の検事総長レースのゴールとなる20年を見据え、

16年秋からインターネット新聞「法と経済のジャーナル」で、黒川と林の人事の節目をとらえ、政治の介入に焦点を当てた長文の解説記事を書いてきた。関係記事は20年6月までに7本を数えた。

＊＊＊

人事の舞台裏を記事にするのは難しい。事件と違って裁判で検証されることがないため、関係者がなかなか本当のことを言わないからだ。「密約」などがあればなおさらだ。今回も関係者の口は固かった。表面的な事実の裏側で、もっとまがまがしい、グロテスクな話があるのかもしれない。

この本で記したのは、あくまで法務・検察を足場とする筆者が、取材で得た証言などをもとにした政治と検察の関係の記録である。官邸や政権与党などを足場とする記者には、違った風景が見えているのかもしれない。本書がきっかけとなり、それらが世に出ることを期待している。

「黒川・林騒動」をめぐる取材では、驚かされることもあった。

筆者は20年3月30日、「黒川検事長の定年延長を事前に承認した稲田検事総長の説明責任は？」との記事を同ジャーナルに寄稿した。黒川の勤務延長で検察現場に動揺が広がり、国民の疑念も深まっている。当の検察庁のトップとして、この事態をどう受け止めるのか、稲田は、国民と検察現場に説明すべきではないか、という趣旨の記事だ。

その際、稲田に、勤務延長を了承した経緯と理由を尋ねる質問状を送ったところ、窓口になった最高検企画調査課は「取材対応はできない」と回答した。理由を尋ねると、同課は、「取材内容とは関係なく、記者クラブの会見以外で個人のジャーナリストの取材対応はしていない」と説明した。「この回答は検事総長の意向でいいか」と尋ねると、肯定した。

人事の秘密にかかわるから取材に応じられない、というのならまだしも、記者クラブに加盟していないから、取材に応じない、というのは全く理解できなかった。

そもそも、筆者は80年代半ばに司法記者クラブを離れて以来、最高裁判事の取材のため一時的に加盟手続きをした以外、同クラブに加盟したことがない。筆者は17年に朝日新聞を退職したが、それ以前も以後も、現職の検事総長や法務省幹部らは取材に応じてくれていた。

これまでの経験で、こういう理由での取材拒否は初めてだった。筆者は、稲田が自らにとって「不都合な質問」から逃げるため「記者クラブ」を楯に取材を拒否しているのではないかと受け止めた。

一方、「黒川・林騒動」では、黒川の賭け麻雀の相手が朝日新聞社員と産経新聞記者だったことから、検察とマスコミの距離感が問題になった。これにはがっかりしたが、それ以上に気になったのは、黒川の勤務延長や検察庁法改正問題について、検察を密着取材してきたはずの社会部発の記事が貧弱だったことだ。報道は国会での議論を追うのが主で、迫力を欠いた。今回、検事総長人事に対する政治の介入阻止の主役となったのは、ネット世論と週刊誌だった。

政治による検察首脳人事への介入という統治の基本にかかわる重大事態。本来、社会部が一番敏感にならなければならないテーマである。取材チームを組み大キャンペーンを張ってしかるべきところだ。なぜそうしなかったのか、不思議だった。かつてその一角に身を置いた者として寂しさを感じる。

こと官邸や検察でいうと、それぞれの取材拠点となる記者クラブに加盟する記者は、取材先から取材活動で様々な便宜を受けている。それを国民・世論が許容してきたのは、それらの記者、そしてそれらの記者が所属するメディアに対し、官邸や検察という強力な権力機関が本来果たすべき仕事をきちんとしているか、プロセス違反はないか、そのチェックを期待し、まがりなりにも、メディア側がその期待に応えてきたからだろう。

その役割を果たさなくなれば、「権力との癒着」との批判を受けても仕方がない。

筆者個人としては、純然たるプライバシーマターは別にして、公権力にかかわることについて取材で知ったことは原則、記事として情報発信するのが、記者としての義務だと思っている。記者は、書くことでしか批判に応えられない。それがこの本を書こうと思い立った動機のひとつでもある。

検察は、政権のものでもなければ、検察首脳のものでもない。国民の共有財産である。ジャーナリズムの端っこにいる者として、その検察が健全に機能するよう、政治の介入や内部の堕落・腐敗が起きないよう常にウオッチし、情報発信していくことが大事だと改めて感じている。

志を同じくする後輩記者の彼や彼女には、今一度、権力監視の本分に立ち返り、政治と検察に肉薄してほしい。それが、「次の介入」に対する最大の抑止力になると信じる。

本書では、深く踏み込まなかったが、報道による権力監視の在り方を含め国民にとって国家権力に対する最適のチェック&バランスは何か、根本から考えるべきときが来ているようにも思う。

それについてはいずれ、稿を改めて掘り下げたいと考えている。

＊　＊　＊

本書は、「法と経済のジャーナル」の筆者のコラム「事件記者の目」で節目ごとに報告してきた検察人事への政治の介入を巡る記事、月刊「文藝春秋」18年4月号に寄稿した「検察激震『官邸介入人事』の全貌」をベースに、取材メモを整理し、再取材してまとめたものだ。

「法と経済のジャーナル」の編集人であり、デスクワークを一手に担う朝日新聞編集委員の奥山俊宏さんには、原稿全文を読んでもらい、適切な指摘を受けた。週刊文春出版部の祖父江崇さんには、本書に登場する政官界関係者への取材を手伝ってもらった。お2人に感謝する。

そして、名前は挙げられないが、リアルタイムで率直に事実関係や感想を語っていただいた法務・検察の現職、ＯＢのみなさま、現役記者の方々に深く感謝する。あなた方のご協力がなければこの本が世に出ることはなかった。

２０２０年10月22日

村山　治

村山 治（むらやま　おさむ）

1950年徳島県生まれ。73年に早稲田大学政経学部卒業後、毎日新聞社入社。大阪、東京社会部で司法担当、遊軍記者として取材。「薬害エイズキャンペーン」（88年）を手掛け、連載企画「政治家とカネ」（89年新聞協会賞）に携わる。91年、朝日新聞社に入社。社会部遊軍記者として、東京佐川急便事件（92年）、金丸脱税事件（93年）、ゼネコン汚職事件（93、94年）、大蔵省接待汚職事件（98年）、KSD事件（2000、01年）、日本歯科医師連盟の政治献金事件（04年）などバブル崩壊以降の大型経済事件の報道にかかわった。17年11月、フリーランスに。著書に『特捜検察vs.金融権力』（朝日新聞社）、『市場検察』（文藝春秋）、『小沢一郎vs.特捜検察20年戦争』（朝日新聞出版）、『検察　破綻した捜査モデル』（新潮新書）。共著に『ルポ 内部告発』（朝日新書）、『田中角栄を逮捕した男 吉永祐介と特捜検察「栄光」の裏側』（朝日新聞出版）、『バブル経済事件の深層』（岩波新書）など。

安倍《あべ》・菅政権《すがせいけん》vs.検察庁《けんさつちょう》

暗闘《あんとう》のクロニクル

2020年11月25日　第1刷発行
2020年12月10日　第2刷発行

著者　村山《むらやま》 治《おさむ》
発行者　新谷 学
発行所　株式会社 文藝春秋
〒102-8008
東京都千代田区紀尾井町3-23
電話　03-3265-1211（代表）
印刷所　大日本印刷
製本所　大日本印刷

ISBN 978-4-16-391294-3